INVENTAIRE
Ye 21.746

I0136244

FABLES

Languedociennes.

Qui que tu sois, ou vieux, ou jeun' adolescent,
Homme de rob', ou d'épé', ou d'église,
De cabinet, artist' ou commerçant;
Si quelque jour près de ma marchandise,
Par hasard près de moi passant,
Et que tenté par la devise
D'un opuscul' en ces lieux tout récent,
Ton cœur succomb' à cette gourmandise,
Malgré mon frontispic' aigr' et peu caressant;
Tu sauras bien qu'en fait de bavardise
Un Gascon, de Normands en valut toujours cent:
Sans que nul ne s'en scandalise,
Quand lui-même dans son accent,
Sans hont' et sans rougir librement se baptise
Publiquement avec franchise,
Chez les Français de ce mot indécent!!!

PRIX : 2 fr.

CASTELNAUDARY,

DE L'IMPRIMERIE DE G.-P. LABADIE, Libraire.

FABLES

Toulousaines. *

BIBLIOTHÈQUE ROYALE

Soit Normand , soit Gascon passant ,
   Si ta bours' un jour indiscrète
   Voiiant mon titre caressant,
     Par hasard me lorgn' et m'achète ;
Tu sauras qu'un Gascon, quoique bien minc' auteur,
    Quand il embouche la trompette,
  Mèm' en raillant n'est pas toujours menteur ,
     Et mérite par fois qu'on en fasse l'emplette ;
  Permis pourtant à tout grand détracteur
D'aller prôner partout qu'il n'est pas grand poëte !...

---

* *Nota.* Ces fables composées à Toulouse, de 1829 à 1830,
naiiant pu y être imprimées à cette époque pour des contra-
dictions particulières et purement éventuelles , je leur laisse
le titre du lieu de leur naissance et de la province qui
l'avoisine , outre celui du lieu de leur impression.

FABLES

Languedociennes ou Occitaniennes,

Gasconnes ou Toulousaines.

Bons Languedociens, ou gens de la Gascogne,
    Accourez voir ma petite besogne ;
Je vous invite tous, Messieurs, le plat est rond :
    (De le tâter naiiez núlle vergogne,
    Il n'empoisonne ni n'ivrogne ;
Et n'est ni trop sublim', enfin ni trop profond)
Faites grâc' à la form' en faveur donc du fond...
Si vous pouvez pourtant prendr' au vol ma cigogne
    Et l'avaler avec ce qu'elle pond,
Je la priserais plus qu'être Roi de Pologne,
    Et le rasoir du barbier qui la tond,
      Ou que posséder la Bourgogne,
      Et le sceptre de Pharamond.....

FABLES

Gasconnes. *

Soit Normand ou Gascon passant,
Si mon frontispice t'arrête,
Et qu'en voiiant mon titre caressant
Tu veuilles faire ma conquête :
Tu sauras bien qu'un versificateur,
Quoique vieux d'âg' et jeun' athlète,
Dans ses récits n'est pas toujours menteur,
S'il est souvent mauvais poète.....

* Voir la note de la page 1.

AVIS.

Je préviens, une fois pour toutes, les Plagiaires, les Contrefacteurs, les Larrons littéraires, et tous ceux qu'on nomme vulgairement frelons dans les sciences, les arts ou l'industrie, que, conformément aux lois réglementaires de la librairie, deux exemplaires aïant été déposés dans la Bibliothèque Nationale, l'éditeur et ceux aïant cause ou droit, poursuivront les délinquans qui y auront donné lieu ; et que tout exemplaire qui ne sera pas empreint de mon sceau, sera réputé venir d'une main étrangère.

EPITRE

AUX MANES

de l'Auteur de la Charte.

Astre propic' et doux dont l'heureuse influence,
  Comme le soleil dans son cours,
  Fut si favorabl' à la France,
  Quand dans le printemps de tes jours
Oubliant tous les droits de ta haute naissance,
  Dédaignant le faste des cours
  Et les plaisirs de l'opulence,
  Ton cœur propic' et libéral
Vint lancer les regards de ton intelligence
  Sur le sol méridional
  Qui, ranimé par ta présence,
  S'enrichit d'un coup-d'œil roïial !!!
Enorgueilli depuis par la vive lumière
  Que fit rejaillir ton phanal
  Sur tous les pas de ta carrière,
De tes faveurs il rest' à jamais le vassal !!!
En parcourant son superbe canal
Et de ses eaux la source nourricière,
Tu daignas illustrer de tes divins regards
Cette coutré' encor de tes faveurs jalouse,

Et les ruines des remparts
De cette ville de Toulouse,
Jadis en proi' à tant de dards....(1)
Soit que rendant hommag' en passant, aux beaux arts,
Dont Riquet sut asseoir l'aliment à NOROUZE,
Quand tu franchis les roïales barrières,
C'est pour répandr' à foison tes bienfaits
Jusques au fond de nos chaumières,
Et prévenir tous les regrets
Qu'auraient émis tes classes roturières !!!
Que bravant un dur repentir
Un autre embouch' et fasse retentir,
Avec éclat la trompette guerrière,
Et que de l'Epopé' il coure la carrière;
A l'univers vante les grands exploits
Des Dieux, des Héros et des Rois;
Que favori de Melpomène,
Dans les jours solemnels sa mus' en foul' entraîne
Des flots nombreux de spectateurs,
Comme des torrens d'auditeurs,
Dans le théâtr' et sur la scène;
Que fidèl' au Dieu qui l'inspire,
Mêm' il ressuscite les morts!
Qu'il fasse tour-à-tour et soupirer et rire
Le public enivré qui l'estim' et l'admire,
Ou qu'il sach' imprimer par d'immortels accords,
Dans les cœurs ses divins transports,
Avec grac', avec art modulés sur la lyre;
Pour moi dans ma faible ressource,
(Je le dis grand Roi sans mentir,)
Pauvre de sens pour réussir,
Comptant peu d'argent dans ma bourse,
Aiiant tard débuté, je ne puis bien finir :
Et naiiant jamais bu les sublimes boissons
A l'Hypocrèn' et dans sa source
Que les neufs Sœurs versent aux nourrissons.

(1) La profonde plaie de la Croisade contre les Albigeois.

Dociles à leurs chants, soumis à leurs leçons,
　　　Je borne le but de ma course
　　　A réciter de rustiques chansons.

Qu'un autre dans ses vers d'un sel piquant encense
　　　Plutus et l'opulence :
Ardent, qu'il cour' après le sceptr' et le pouvoir
　　　Etaler son savoir ,
Pour enchaîner au joug de sa rich' indigence
　　　Les bras de la puissance :
Qu'avare de plaisirs , des roses du bonheur,
　　　Il vol' après l'honneur ,
Sans relach' poursuiv' et l'or et les richesses
　　　Pour en obtenir des largesses :
Qu'il consume sa pein' et ses nombreux efforts,
　　　Dans son dessein frivole
Qu'il dirige ses pas, qu'il dresse ses ressorts
　　　Pour s'abreuver à leur rigole :
S'il chérit les honneurs, s'il cherche des trésors,
　　　Donc qu'il encense son idole :
Pour moi , dès que les Dieux nous donnent des Nestors
　　　Pour nous enseigner la sagesse,
Vite sans balancer, soudain mon cœur s'empresse
　　　De courir après ces Mentors :
Je vais boir' à leur fleuv' et, fixé sur ses bords,
　　　Savourer l'ond' enchanteresse,
　　　Sans craint' et sans remords,
　　　Mon soûl jusqu'à l'ivresse :
Cet hameçon me plaît, ardemment je le mords,
　　　Je le cajol' et le caresse....
Vous flattez les vivans , moi j'encense les morts :
Persuadé qu'on doit avant tout son hommage
　　　Au Roi qu'on connût le plus sage
　　　Parmi tant de rivaux consors!
Comme le Christ, en offrant l'holocauste
　　　De son corps sans tach' et divin ,
Invita, tout cloué dans ce sublime poste,
A son banquet célest', à son roïal festin ,

EPITRE.

Tous les enfans du genre humain ,
Comm' en mourant sa voix nous le déclare ,
Et qu'en répandant son pur sang ,
Il nivella tout homm' au même rang :
Le grec et le barbare ;
Le juif et le payen ;
Le savant et l'ignare ;
L'hellèn' et le romain ;
Abolissant l'antique droit d'aînesse
Dont se targuait d'Israël la noblesse ,
fièr de l'orgueil d'un pacte saint
Qui ne devait être jamais enfreint
Selon la céleste promesse :

Ainsi mourant pour tous ton frère Louis seize ,
De son sang arrosant la liberté française ,
Doit cimenter un jour le pacte fédéral ,
Juré sur l'autel pur où cet agneau roïial
En posa la sanglante thèse.....
Et désormais le nobl' et le vassal ,
Brisant l'antique mur qui dès long-temps les lèze ,
L'un dans l'autre doit voir son frèr' et son égal ,
Croïiant, comme chrétiens, sans dout' à la Genèse ,
Comm' au même Dieu rédempteur :
C'est toi Pontife politique ,
Immolé pour la république ,
Qui te choisit pour son médiateur
Et pour victim' au jour de l'offrande tragique ,
Qui de tout rang dois êtr' à jamais le tuteur ,
Comme ton frèr' en est le seul législateur !....

De ta personne, illustrissime Sire ,
Quoique le mond' en pens' ou qu'il en puisse dire ,
Le plus sincère admirateur.

J.-B. G.—s, de N—ouze ,

T...ouse , le 1.er janvier 1830.

EPIGRAPHE

Pour être placée sous le portrait de l'Auteur de la
Charte Française.

———◦◦◦———

Comm' Achill' excellait par ses braves exploits,
    Parmi tous les chefs de la Grèce ;
Le fièr Agamemnon par ses sublimes droits ;
    Le vieux Nestor par sa sagesse ;
Le vigoureux Stentor par l'éclat de sa voix ;
Diomède vainqueur même d'une Déesse ,
    Dont ses flèches avaient fait choix ;
    Ajax bouillant par son outré courage
      (Qui tout seul en valait bien trois ,
      Sans exagérer au moins deux
    Quand il fallait repousser un outrage),
    Toujours , toujours vaillant et généreux ;
Fin , discret et rusé ; prudent , subtil et sage ;
Ulysse rassemblait en personn' à-la-fois
    Ce que chacun de ces grnds rois
    Possédait lui seul en partage :
La force dans l'esprit , la science des lois ,
La mère des vertus , le savoir , la prudence :
    Bien plus heureus' encor la France ,
    Plus fertil' en son abondance ,
    Admira dans un seul Louis
Les vertus de ces chefs , leurs talens réunis ,
    Non dans le corps mais dans l'intelligence !!!
    Les dons de tous dans des degrés plus hauts
Sans qu'il fut antaché d'aucun de leurs défauts !!!
    Ce n'est que dans un cœur Auguste
Que l'on peut rencontrer et le grand et le juste !...

FIN.

❦❦❦❦❦❦❦❦❦❦❦❦❦❦❦❦❦❦❦❦❦❦❦❦❦❦❦

Epitre

A MES LECTEURS.

———

Un faibl' auteur d'un' étoff' assez mince,
    De Paris ou de la Province,
    Chinois, Tartar', Arab' ou Franc,
    Nobl' ou Bourgeois , Guerrier ou Prince,
    N'importe l'état et le rang,
    Ses àieux, sa tig' et son sang,
    Son nom, sa couleur et sa mine,
    Et sa cast' et son origine,
    Ses mœurs, ses goûts et ses penchants :
    Né dans la vill' ou dans les champs,
Dans un désert ou dans quelque village,
A la témérité de vous fair' un hommage
De quelques rêves creux et de ses tristes chants,
    Burinés dans son hermitage,
Ou plutôt dans le fond de sa lugubre cage,
    Où l'ont jadis confiné des chalans
    Pour mieux envenimer sa rage,
    Ou pour le rendre furibond,
Et transformer le délire profond
    De sa noire mélancolie

En une complette folie,
Point où visa toujours le barbier qui le tond
Et le suppôt qui l'humilie !....
Si quelqu'un de mes auditeurs
Trouvait quelque chos' à redire
Aux cris par fois déclamateurs
Des chants fabuleux de ma lyre,
Comm' aux feuillets de mes récits frondeurs,
Trop cousins quelquefois de l'amère satyre,
Et qu'après avoir lu mes niaises chansons,
Sa conscience me retire
L'estim' et le respect qu'on doit à mes leçons;
S'il se trouvait blessé quelque part dans mes pages,
Et qu'il fut trop pincé dans mes naïfs dessins,
Si son œil croit y voir de caustiques outrages,
Ce qui n'entra jamais dans les desseins
De mes rimassiers clabaudages;
Je lui dirai, morbleu, que les bons médecins
Ne donnent guèr' hélas, aux gens de doux breuvages
Qu'un Esculap' enfin peu chiches de dommages,
Est très-souvent util' aux cœurs peu sains,
Et les verges des fouèts à ceux qui ne sont sages :
Que les miroirs peignant les vrais et les faux teints
Réfléchissent aux yeux toutes sortes d'images,
Et qu'après tout mes vers ne sont pas assassins
Et n'ensanglantent pas tous les bons personnages.....
Moi-même le premier, j'ai tracé ma figure,
Mes vices et mes mœurs, mes méfaits, mes défauts,
Mes goûts et mes penchants, mes faux pas, mon allure,
Mon train de vi' et ceux des plus parfaits marauds,
Dans le moindre de mes tableaux,
Sans que pour cela ma blessure
Ait aigri la douleur du moindre de mes maux,

Ni carié la moëlle de mes os :

· L'auteur étant le premier des malades (1)

Qu'on doit ranger, pour le dir' en deux mots

À la tête, Messieurs, de tous ses camarades !....

---

(1) Il n'est rien de si commun aujourd'hui que les malades :
cependant ce siècle est de tous (sauf peut-être l'ère d'Hypocrate)
celui où les sciences médicales ont été poussées à la plus grande
perfection : jamais siècle n'a tant abondé en savans volumes sur
la nosographie, et jamais les hôpitaux et les maisons n'ont été
encombrés de tant de corps nosomateux ; mais ce qu'il y a
de plus désastreux, c'est de voir plusieurs familles s'éteindre
tacitement et sans presque qu'on s'en apperçoive, dans le bru-
yant vacarme de la Société : comme ces étoiles qui, parmi
l'immensité dont la sphère céleste est parsemée, de temps
en temps s'éclipsent à nos yeux, et de l'absence desquelles
à peine quelques astronomes qui en tiennent compte, s'en
apperçoivent lorsqu'elles ont disparu de la voûte de l'univers.
Ce fléau funeste et désolant tantôt a lieu faute d'hoirs
mâles, et très-souvent par manque totale de toute progéni-
ture.... La nature s'écarte, sans doute quand bon lui semble,
de la régularité de ses lois. Mais quand ce phénomène devient
si commun, le plus grand blâme dont se couvre la médecine est de négliger la recherche des causes funestes de ce
ravage clandestin. Tant mieux, diront ceux que leur intérêt
porte à ne pas y regarder de si près, ou qui tenant les
balances dans leurs mains, ne font aux autres la portion si
petite, ou même quelquefois nulle, que pour augmenter la
leur ! d'autres, et c'est assurément le plus petit nombre,
aiiant devant les yeux les tableaux affreux de la guerre, de
la pauvreté, de la peste ou de la famine qui, dans des temps
barbares rendent les provinces et les cités veuves d'habitans,
en prétendant se ranger du côté ou au niveau d'une civilisation plus parfaite, consentent, peut-être sciemment, à boire
ces humiliantes avanies qu'on leur impose, comme le fardeau
le plus supportable dans les bagnes des galères de la Société,

et qu'on leur fait entrevoir comme nécessaire et inévitable !.... Je dirais peut-être comme eux , si j'étais le seul dans ma parenté à qui l'on eut imposé malgré moi cet affront sanglant , et que tant d'autres ne fussent pas lésés par les arrêts secrets d'une législation occulte et dominatrice...... J'ai toujours été l'ennemi déclaré des jugemens à huis-clos, parce que les ténèbres sont du domaine de Satan , et la santine où il pratique ses étouffoirs habituels, mais je le suis encore davantage depuis que l'injuste application de ces affreux décrets à des familles respectables et vénérées , m'a fourni des documens capables de les convaincre d'une criminelle turpitude qui va contre le précepte imposé au père du genre humain : *Croissez et multipliez , etc.*

Je parle dans le sens d'un homme lésé , et il faut laisser crier au moins ceux qu'on écorche....... Il faut présumer qu'ils sont dictés par des motifs d'un ordre supérieur à notre courte vue , et que des subalternes ne sauraient jamais manquer de taxer d'injustice... Sa marche n'est limitée ni par l'espace , ni par le temps. Ce qu'elle tolère dans un siècle devient illicite dans un autre.... Il était un temps où l'homme ne se nourrissait que de végétaux , aujourd'hui il déchire impitoyablement les entrailles des animaux... La polygamie était permise dans la loi écrite et reprouvée par la loi de grâce... La circoncision y était ordonnée , et depuis 1800 ans, on a prouvé à la noble race roïiale d'Israël, que celle des passions du cœur est la seule que Dieu exige... Obstinés à prendre la loi à la lettre , privés malheureusement de l'intelligence des prophéties , ils s'entêtent encore à ne pas renoncer à leur droit d'aînesse , malgré la parabole de l'enfant prodigue qui replace les gentils dans le festin du grand père de famille... La polygamie devient aussi inutile anx musulmans , puisque le délire du fanatisme et de la gloire, s'est effacé du cœur de ces infidèles dont la fièvre a renversé et élevé tant d'empires et de royaumes dans les trois parties du monde , qui commence à sortir des langes de l'ignorance , et à regarder avec horreur les boucheries atroces , soit martiales , soit snperstitieuses comme pestilentielles , dont fourmillent les annales du geure hûmain. Il est donc de la prudence

des jardiniers du globe de pourvoir par d'autres moiiens à ne
pas laisser pulluler ce qu'ils nomment dans leur jargon de mau-
vaises plantes, car l'humanité et la pitié, comme la religion
répugnent à ces horribles scènes, que les guerres civiles de la
Ligue et de Charles IX, de la Vendée et de Robespierre ont
tracées en caractères sanglans dans les fastes de notre nation
sous les bannières d'une politique erronée et féroce. Mais celui
qui delira ce nœud gordien, verra sans doute auparavant fleurir chez toutes les sociétés humaines cette juste modération
qui doit régler tous les actes de la vie et être un jour le
port où se mettront à l'abri les nations qui se sont brisées sur
les écueils d'une satiété sans frein, pendant que l'agriculture, le commerce et l'industrie travaillent à les préserver
de la famine en les civilisant; la médecine des fléaux mor-
bifiques; la diplomatie de ceux de la guerre et de la maladie de la
gloire qui semble se calmer chez nous lorsque son étincelle paraît
même vouloir se rallumer... L'intempérance a été la boite de
Pandore et la source de tous nos maux : elle ne peut avoir d'autre
anti-dote que la modération. Oui, *croissez et multipliez* est
une loi de l'organisme, un instinc inné chez l'homme comme
chez tous les êtres. Quand est-ce que la religion et le fanatisme qui l'étouffe, la législation et la chicane qui l'entoure, la
médecine et l'empirisme qui l'obsède, la politique et l'égoïsme
despotique qui la harcèle sans cesse, la philsophie et l'erreur
qui la fait trébucher à chaque pas, la science et l'ignorance
qui prend trop souvent sa couleur, la morale et la dépravation
qui s'empare de ses titres, seront-elles enfin d'accord pour
laisser sa carrière libre à l'homme !!! Quand le genre humain sera
arrivé à cette heureuse époque, le 19e siècle sera loin sans doute
de ses dates... Car ce que nous avons de science, disait une
grande lumière de son siècle, est très-imparfait et nous ne
voiions encore Dieu que comme dans un miroir... Alors les
prophéties prendront leur accomplissement et l'Israëlite race
si laborieuse et si infatigable, consentira à embrasser la
croix, puisqu'elle est renfermée en germe dans cette terrible sentence de la Génèse : Tu mangeras ton pain à la
sueur de ton front...:.. Tous les maux, suite de l'ignorance,

l'assiégeront pendant la vie , etc...., Le Musulman à renoncer à ses plaisirs qu'il achète par tant de chagrins cuisans ,
en semant tant de malheurs chez ses frères reduits en esclavage...
Le païen à ses barbaries cannibales qui le ravalent au-dessous
des bêtes féroces..... Et le faux chrétien à damner ses frères,
et à faire le commerce des nègres, pour prodiguer les bonbons
et les sucreries à des singes ou à des perroquets qui servent
à amuser les loisirs de quelques femelles désœuvrées..... Mais
depuis la boussole, les hommes ont découvert deux continens,
et à peine quelques savans ont-ils classé les animaux, les végétaux et les minéraux de ces terres nouvelles... Quand nous
connaîtrons tous les bienfaits de Dieu dans les objets qui
nous entourent, alors nous pourrons nous flatter de prendre d'un
pied ferme et assuré notre vol vers celui qui est le père de tous les
enfans du genre humain, jusques là indulgence à la faiblesse,
pardon à l'erreur et secours à l'infortune, en se groupant sur la
planche évangélique qui doit nous conduire vers ce terme désiré.

Si l'instinct porte l'homme à se reproduire, la modération
doit être toujours sa boussole.... Je dirai à ceux qui trouvent
le joug monacal trop dur : modération..... à ceux qui jugent la
discipline militaire trop pesante : modération..... Et aux uns et
aux autres qui honnissent les frères moraves que le monachisme
et le marsisme, en mangeant à la gamelle, etc., mettent en pratique plus que les lois de St. Simon...... Oh ! je tremble que
notre siècle épicurophile, ne soit bon ni pour le monachisme
ni pour l'anabaptisme, ni peut-être pour la guerre.... Cependant
il est des Vestales chez les abeilles ; elles mangent à la même
table, elles ne souffrent point l'oisiveté , et les guerres civiles
se terminent par des émigrations coloniales : l'anabaptisme,
oh ! quelle folie, diront les nicodèmes du siècle ; mais on leur
répondra : « en vérité, en vérité, si l'homme ne revaît de
nouveau, etc. » Et quand le plus grand Prince, sans contredit,
de l'Europe a fait élever ses enfans (qui ne sauraient jamais
être assez nombreux pour perpétuer leurs races, vu les pé-
rils qui les assiégent dans le champ de mars, comme les dangers
dont ils sont sans cesse entourés dans la société) parmi ceux de
ses sujets , attendons-nous à quelque chose : mais il est beaucoup

de cerveaux à qui l'on pourrait dire encore aujourd'hui *meum verbum non capit in vos!* Quand un Dieu naît dans une étable; que Pierre le grand se fait tambour; qu'un Duc de Chartres mange à la gamelle dans une école militaire, je crois que le Christianisme, la Russie et la France feront traverser leurs noms dans les derniers périodes séculaires à venir.

ERRATA DE L'AVERTISSEMENT.

Pag. IV,	lig. 12 : ces rians	*lisez* ses rians.
IV,	— 27 : tyruncules	— tyroncules.
V,	— 19 : de fiér	— se fiér.
VIII,	— 25 : clíent, vent, battant	— clients, vents, battants.
XI,	— 3 : Loire; ou on ne le	— Loire; on ne le
XIII,	— 22 : outre, beaucoup, d'autres, particularités	— outre beaucoup d'autres particularités.
XV,	— 20 : áyeux	— yeux
XXV,	— 15 : contémpleur	— contempteur.
38	— 9 : dovancé	— devancé

ERRATA DES FABLES.

Pag. 2.	lig. 19 : des les	*lisez* de les.
9,	— 5 : surnois	— sournois.
11,	— 20 : qu'un' faible	— qu'une faible.
15,	— 9 : se montre	— ce monstre.
24,	— 6 : en grodant	— en grondant.
26,	— 31 : ses clameurs	— sa clameur.
28,	— 16 : est presqu'	— et presqu'
42,	— 2 : œufs du serpent	— œufs de serpent.
60,	— 4 : suffoque	— suffoquaient.
74,	— 15 : pris	— prix.
78,	— 15 : si fort pestilentiél	— si pestilentiél.
80,	— 6 : et le trou seraient	— ou le trou serait.
81,	— 20 : blanc et la	— blanc ou la.
84,	— 16 : implacabl' hargneux	— implacable, hargneux.

FIN DE L'ERRATA.

CHOIX

DE

FABLES ANCIENNES,

Mises en vers avec les Maximes morales
des Philosophes , les Sentences des
écrivains sacrés et les Proverbes
des moralistes de l'antiquité
profâne , imprimées
par une Méthode
Néographique.

Par M. J. - B. G.......s , de O — ouze.

Da veniam scriptis, quorum non gloria nobis
Causa , sed utilitas officium que, fuit.

1829 et 1830.

CASTELNAUDARY,

DE L'IMPRIMERIE DE G. - P. LABADIE· (1831).

QUOD SI LABORI FAVERIT LATIUM MEO

PLURES HABEBIT QUOS OPPONAT GRECIÆ :

(PHÈDRE).

Si la Franç' applaudit à mes nobles travaux,
A l'Itali', à Rom'; à la féconde Grèce,
Le Parnasse Français abondant en Héros ,
   Sur l'Hélicon, le Pind' et le Permèsse,
   Opposera de plus nombreux rivaux...

   Si, lecteur, en lisant mes vèrs,
   Ma verve te parait glacée :
   Sache que ma mus' oppréssée
Par le grand froid du plus froid des hyvèrs
   Qu'ait jamais vu cet univèrs,
(Et dont la terr' ait été caréssée ,
Ou qui se soit déchaîné sur les mèrs)
Les enfanta dans la saison passée ,
   Et qu'ils nâquirent dans les fers
Dont vint nous enchaîner sa main si courroucée...

La plante qui gémit dans un dur esclavage
Atteste pár son fruit, son goût et sa couleur,
Sa taill' et le parfum qu'exhal' au loin sa fleur ,
   Le vèr qui ronge son ouvrage
Et le mal qui ravit au public son hommage :
   En indiquant à tous, par sa pâleur,
I a chaîne qui flétrit les traits de son visage
   Empreint d'une sombre douleur ,
   Et des poisons et de leur rage
   Qui l'avilit, ou l'étouff' et qui l'outrage,
Par les torrens mortels que vomit sa fureur,
   Source funeste du ravage.

AVERTISSEMENT.

Je ne fais pas ici de préface, et je ne demande point de protec-
tion pour ce mince opuscule : on le lira s'il plaît et s'il est bon :
si on le juge dénué d'agrémens et d'utilité, je ne me soucie
pas qu'on le lise : on ne me verra jamais, sous prétexte d'indulgence, tromper la sévérité de la critique et fléchir l'équité
de ses Argus, pour les faire contribuer à la dépravation du
goût et de la littérature. Intimement persuadé que,

« Dans un' humble préfac' un auteur à genoux »
 Vainement s'étudi' et s'efforc' et s'applique
  A désarmer notre juste courroux,
  Par le plus fad' encens brûlé dans sa boutique,
  En exhalant des fleurs les parfums les plus doux
   Dans sa brillant' et fausse rhétorique :
    Ah ! s'il est le premier des fous,
  Il a beau vouloir vendr' et vanter sa sagèsse
  Dans de longs complimens fades de politèsse
    Nous cacher le mal de sa toux :
   C'est bien envain que sa bouche s'emprèsse
   De rapiécer ou d'allonger ses bouts ;
    Il suit toujours une fausse rubrique,
  Si sa théori ah ! n'est joint' à la pratique.

J'ai détaché ces premières fables pour essaiier le goût du
public : j'en ai un grand nombre d'autres dans mon portefeuille,
que je pourrais lui donner dans la suite :

  Si Toulous' applaudit à mes nobles travaux,

Oui, si la hain' en secret ne m'opprèsse

Et s'abstient de troubler mes eaux :

Si sa studíeuse jeunèsse

Accourt s'instruir' au son de mes pipaux :

La Garonn' abondant sans cèsse

En Troubadours, en póétes nouveaux,

Le parnasse Gascon si fécond en héros,

A l'Itali', à Rom', à la féconde Grèce,

Sur l'Hélicon, le Pind' et le Permèsse,

Opposera de plus nombreux rivaux :

Et désormais verra les muses et les grâces,

Fixant leur cour sur ces rians coteaux,

Carresser nos celtiques races,

Et sur les bords fleuris de ses nombreux canaux

Traîner l'hélicon sur leurs tracés...

Mais c'est à condition que l'auteur ne sera pas connu : dès que le moindre vent en *bruitera*, dès lors je me tais... Ce n'est déjà que trop des défauts de l'ouvrage, sans que je présente encore à la critique ceux de ma personne...

Il me reste à parler de ma nouvelle méthode orthographique dont je vais exposer le plan le plus brièvement qu'il me sera possible. (1)

Il y a en Français deux prononciations différentes : l'une pour la prose, et l'autre pour les vers : il est donc essentiel de caractériser visiblement, autant que possible, cette distinction par des signes orthographiques pour faciliter la lecture de la poésie aux nouveaux Tyruncules du Parnasse.

La plus grande difficulté consiste à savoir distinguer dans quels cas l'union des voïielles, forme une ou deux syllabes : d'ordinaire quand elle n'en fait qu'une en prose, elle en fait deux en poésie : la connaissance de ces règles est du ressort de l'art poétique et c'est au poéte à manifester cette distinction souvent captieuse en la caractérisant par des signes distinctifs, pour observer la cadence et l'harmonie des vers, dans la lecture Comme dans la déclamation.

Pour celà je pose en principe, que toutes les fois que l'union

_____

(1) Voir les Notes à la fin de l'Avertissement.

de deux ou d'un plus grand nombre de voïelles composant un mot doivent faire une , deux ou plusieurs syllabes distinctes, l'une d'elles, soit l'antécédente, soit la conséquente, recevra l'accent aigu (') grave (`) moïen (') ou tréma (¨) sans préjudice de celui qu'elle pourrait exiger pour d'autres motifs (2) (3) comme on le voit dans le tableau ci-joint.

a a		
a e	Aérostat, Isráel, Ismáel, Raphael,	Caen.
a i	Báionne, Láique, Páien, Cáin,	
	Háir , Danáide.	Haine , Gai , Gaie.
a o	Aórte, áonie.	Aôriste , Aôut, Paôn ,
a u	Sául, Esáu.	Saule , Paul.
e a	Océan , Géant, Préséance.	Douceâtre, Jean, Geai, Mangeant
e e	Créé.	Il Créa , Armée.
e i	Obéir , Déisme.	Seigneur, Peigne, Peine, Seine.
e o	Géographie.	Pigeon , Asseoir.
e u	Réússir.	Peu, Jeu, Heureux ,
i a	Cría, pria, íambe.	Liard, Diable, Iatrique, Viande.
i e	véniel, de fiér, triénnal, ancienne	Ancienne, Fiér, Ciel, Pié, Goutiex,
i i		
i o	Passíon , Diocèse, Víolence.	Fiole, Million.
i u		
o a		
o e	Póésie, Púete, Próéminent, Cóerci-	
	tif, Nóel.	Moëllon , Moëlle , Poêle.
o i	Móise, Cóincider, Egóisme.	Moisi, Loi , Roi.
o o		
o u	Alcinóus.	Nous, Tous.
u a	Argúa.	Légua , Qualité.
u e	Túé, Argúé, Dúel.	Qúesture , Ecúelle, Legué ,
u i	Rúine, tu núis.	Nuit, Qui , Quille , Contigúité,
u o		
u a		
eau	Féaux.	Tableaux.
iai	Bíais.	Biaiser.
iau	Míauler ou Mïauler , Impériaux.	
ieu	Píeux, Pïeux.	Lieux , Cieux , Dieux.
ian	Ríant, Etudíant.	Viande.
ien	Lièn, Lïèn, Gardíen.	Bièn, Chièn , Chrétièn.

ien Clíent, Clïent, Science.	Tient.
ion Aimeríons, Aimerïons, sacri-	
fïons, Union	Aimassions, Goûtions.
oue Jóuèt, Joüèt, Loüér.	Fouèt ou Foûet.
oui Inoúi, Inoüi, Ouíe ou Ouïe,	
Jouí ou Jouï.	Oùi, Fóuine.
oua Gouárd, Próuèsse.	Couette, Couenneux.

Dans la première colonne, les voïelles marquées d'un ou de deux accents forment toujours une syllabe distincte de leur voisine et par conséquent deux piés dans la poésie, tandis que celles de la seconde n'en forment qu'un, soit qu'elles n'aient qu'un accent, soit qu'elles en manquent entiérement, comme on peut le voir d'un coup d'œil.

Il conviendrait de distinguer aussi par des signes divers, la prononciation variable des syllabes dont se composent les mots d'une langue : mais cette importance n'est guère possible, pour la nôtre qui renferme tant d'anomalies, outre l'imperfection de nos caractères alphabétiques ; je ferai seulement quelques réflexions à ce sujet, pour la fixer autant que peut l'être une pareille matière.

La prononciation repose sur trois points principaux : la quantité, l'aspiration et l'accentuation.

La première dépend de la nature et souvent de la position des voïelles, ce qui la rend variable suivant les consonnes aux- quelles elles se joignent : l'accent circonflexe qui est emploiié en Français à marquer quelques unes de nos voïelles longues, n'est pas d'un usage assez général pour remplir cette fonction, et je me garderai de surcharger notre alphabet de nouveaux signes pour cet objet, d'autant plus que notre poésie consiste plutôt à compter les syllabes, qu'à les peser.

L'aspiration est nazale ou gutturale : cette dernière est douce ou rude ; pour marquer cette différence on pourrait passer un trait horizontal sur le caractère h rude : la honte, le héros, etc. ; et en le laissant tel qu'il est dans l'homme, l'honneur, l'histoire, où ce signe est doux.

Quand aux aspirations nazales, elles sont ou muettes ou sonores : il faut être réservé dans l'emploi des secondes en composant (et avoir égard surtout au repos des hémistiches , parce que notre langue n'a qu'un petit nombre de syllabes nazales , susceptibles de la prérogative de s'unir avec des sons vocaux) (4) et hardi en articulant les premières, si l'on veut éviter les hiatus dans la déclamation.

Il faut observer attentivement quand le signe de nazalité rend ou ne rend pas sonores ou muetes cette qualité de voïelles nulle difficulté pour les Français, je crois , quand elles sont muettes , c. a. d. simplement nazales : plan , chien , pain , médecin , raison , aucun , anhardir , enivrer , enorgueillir , etc. Mais ces mêmes voïelles nazales de muettes qu'elles étaient, en passant à l'état de *sonorité*, font au fémin : pla-ne , humai-ne , chiè-nne , médeci-ne , raiso-ne , aucune : quoique l'*e* muet de la syllabe *ne* ne se prononce point, le signe de nazalité étant séparé des voïelles antécédentes, on les prononce comme si elles étaient écrites ainsi : pla-n , chié-nn , médeci-n , raiso-n , aucu-n.

Dans le premier cas, c. a. d. quand elles sont muettes, elles seront privées d'accent : les monosyllabes en ièn, comme : vièn, entretièn , contièn , soutièn et soutient, recevront toujours l'accent moïïen sur l'*é* ; mais les dissyllabes en i-en et en i-ent avec le son nazal d'*ian* formant deux piés, auront l'accent aigu sur l'i , comme :

Sci-ence, cli-ent, pati-ence. Quand aux syllabes i-èn avec le son nazal de iain , conformément à la marche tracée, elles auront dabord l'accent aigu sur le premier pié et l'accent moïïen, ensuite sur l'è : lièn , gardièn , sicilièn , égiptièn , grammairièn , magicièn , comédièn, musicièn , etc. , qui sont censés avoir été jadis écrits par deux nn , comme l'indique le féminin de ces noms. (5)

Il n'est guère possible non plus de fixer par des accens, la prononciation d'une langue comme la nôtre, dont la force, la finesse et la franche clarté, sont les qualités fondamentales, et dont l'harmonie qui exige à tout moment le fréquent changement de tons, ou la mobile variété des diverses inflexions de la voix, n'est guère comptée que comme accessoire : seulement je tacherai d'aider le lecteur sur la fin des vers , pour mieux fixer la prononciation de la rime, en me servant des signes usuels, malgré leur pénurie.

Cette prononcition dépend, 1.º des voïelles; 2.º des consonnes, les premières sont 1.º muettes, brévissimes, privées
d'accent, presque de son et de quantité: forme, petit, cheveux,
niera, tuerai, aboiement, tableau, geolier, Jean, à jeûn,
gageure, etc.; qu'on prononce: form, ptit, chveux, nira,
turai, aboiment, tablau, jolier, jan, à jun, gajure.

2.º Fermées avec l'accent aigu (') répété, áimé, légér, se
fiér, jái, je lirái, páisible; qu'on prononce avec une ouverture de
bouche à demi fermée : émé, jé, je liré, se fié, pésible.

3.º Moïennes ouvertes qui prendront l'accent moïen (')
ou tréma (··) fidèle, mème, appèle élève, considère, faible,
paresse, hymen, examen, seigueur, peine, seine. Les e et
les syllabes ai, ei dans ces mots, se prononcent avec une
ouverture de bouche d'un degré plus fort que dans les pré-
cédens. (6)

4.º Très-ouvertes avec l'accent grave (') procès, promèts,
arrèt connaìt, il plaìt; qu'il paraìsse; qu'on articule avec
une ouverture de bouche d'un degré supérieur aux précédentes
ou au suprême degré, surtout quand le mot est terminé par er
ou erre: hyvèr, enfèr, vèr, tonnèrre, vèrre, etc.

5.º Nazales avec le signe de nazalité, soit final, comme
dans océan, en, rièn, sein, main, fin, bon, aucun, soit
pénultiéme; comme dans arrogant, dans, dent, saint, tient,
pins, bonbons, importuns; soit antépénultième, comme dans
client, vent, battant, etc., etc. Avec le son de a, e, i,
o, u, ai, ei, nazalizé, soit par n comme dans les mots
précités, soit par m comme dans faim, impie, ombrage,
parfum, humble.

6.º Mouillées, comme dans báiard, fáience, páièn, áieul
qu'on peut écrire aussi de cette manière: fa yence, ba yard,
pa yèn, a yeul.

7.º Aspirées, comme dans hanter, héraut, hideux, honte,
houille, huppe; avec le signe d'aspiration marqué d'une ligne
traversale. (7)

8.º Douces, quand le signe h uni, les précède, comme
dans homme, habile, hyvèr, hébreu, histoire, hospice, humeur.

Les consonnes qui présentent quelque difficulté sont :

1.º Ch qui sont chuintantes dans : charme, chemin, bachique, chose, chûte, chymie, avec le caractère usuel uni (ch) et rudes avec un trait (ch) dans achaïe, chrétièn, christ, chronique, chersonèse. (8)

2.º Gn mouillées dans régna, gagné, vigne, espagnol, épagneul; et rudes avec un trait traversal (gn) dans agnat, igné, impugné. La méthode orthographique de la langue Castillane, supérieure à la nôtre, remplace le gn mouilllés par un *n con tilde*, ainsi figuré (ñ) *nino* qu'on prononce *nigno* comme dans Avignon.

3.º *l* ou plutôt *ll* mouillés dans travail, travaille, reveil, reveille, mil, millet, fénouil, fenouillet, bouillir, deuil, feuille, etc. , et coulante avec un accent aigu sur l'*i* qui les précéde (il, ill) ville, village, imbécille, tranquille, mille, pusillanime, vacille, idylle, pupille, illustre : c'est ainsi qu'on distinguera ville de séville : quille de tranquille ; faucille de vacille et mille de fourmille ; bil de babil ; pistil de persil.

En Français la plupart des syllabes composées d'une voïelle suivie de deux consonnes identiques, se prononcent absolument comme si elles n'en avaient qu'une, pour différencier leur prononciation, de celles où les deux consonnes conservent leur son, je place un accent sur les voïelles qui les précédent : ainsi on distinguera facilement,

Bállon.	de fallace.	fólle.	de	colloque.	
gámme.	-- ammon.	pómme.	--	nommer.	sommité.
hómme.	-- grammaire.				
vánne.	-- annuel.	cóuronne.	comme bellone.		
cánne.	-- anne.				
bélle.	-- belligérant.	bùlle.	comme hercule.		
dilèmme	-- emmencher	quitte.	comme vite.		
étrènne.	-- ennui.	lettre.	comme l'être.		
lille. (9)	-- illégal.	núlle.	comme calcule.		
pupille.	-- illustre.	áller.	de	allusiou.	
anguille.	-- anguillade.	málle.	de	malléable.	
innocent.	-- inné.	mánne.	de	panne.	
		pánneau.	--	suzanne.	
			--	marianne.	

4.º t rude dans : partie, garantie, épizootie, entretien, goutious, etc., etc.; et sifflante avec une cédille sous posée

dans : primatie, partial, prophétie, ambition, qu'on prononce
primassie, parssial, prophessie, ambission. (10)

5.º gue rude et muet dans : fatigue, langue, ligne, ha-
rangue, longue, etc. Mais rude est fermé dans ambigüe, aigüe,
il argüe, avec l'accent aigu ou tréma sur l'u. Quinquennal;
cuin cuennal; questure, cuesture, sanguin, sangui nolent,
aiguillon ; aiguiser. (11)

Je crois qu'avec ce soin orthographique, je ne dis pas un
français, mais les nationaux même, n'auront aucune difficulté lorsqu'il faudra prononcer :

Ennui.	et ènnemi.	important.	et immortel.
enorgueillir.	énorme.	je prends.	ils prènnent.
enhardir.	ènnéagone.	patient.	il tiènt.
enharnacher.	empenner.	le différent	ils diffèrent.
hareng.	hymèn.	se levér.	le vèr.
pendant.	bènjamin.	la raison.	raisonnér.
emmancher.	bélèmnite.	la paix.	paisible.
il bèle.	la belle.	le maître.	mettre.
la tète.	il tette.	qu'il paraisse.	la parèsse.
les revèrs.	revér.	préssentir.	ressentir.
patient.	sacrifient.	conviènt.	prient.
lièn.	ils lient.	aiguillée.	aiguille.
décennaux.	triènnal.	épée.	épais.

Je préviens aussi le lecteur, que je me suis permis de
compter ou non suivant le besoin l'e muet, dans légéreté,
pureté|, bouleversement, et quelques autres que j'écris dans
ce cas, ainsi qu'il suit : légerté, purté, boulversement, etc.

L'y est emploiié dans ma néographie, 1.º quand l'étymologie
l'exige : asyle, syllabe, mystère, zéphyr ; alors il équivaut à
un i simple ; 2.º je le remplace toujours par deux ii, quand
il remplit cet emploi, comme dans crai-ion, frai-ieur, pai-is,
pai-ier, joi-ieux, moi-ieux, moi-ièn, voi-ions, pai-isan,
abbai-ie, essai-ier ; 3.º ou il sert quelquefois à mouiller
seulement la voiielle qu'il précéde : ayeul, payen, tuyau,
bisayeux, que j'écris ainsi : aieul, païèn, tuiau, bisaieux,
et non avec un tréma, qui pourrait faire soupçonner une
triphthongue ; 4.º ou a mouiller la voiielle antécédente, Gay,
Peyre, Tamboy, Bayle, où je conserve l'y et non un i ou i

qui ferait gai ou gaï, peire ou peïre, tamboi ou tamboï et baile ou baïle... Ce son est particulier à l'Espagnol et aux jargons de deça la Loire; ou on ne le voit guère dans l'idiome des races franques.

Enfin notre langue a tant de rapport avec la Grècque, non-seulement par une foule de rapports. syntaxiques, mais encore par l'identité fondamentale de son essence harmonique, qu'on ne peut s'empécher de saisir au premier coup-d'œil, cette parité si frappante : l'une et l'autre use presque du même mode orthographique pour éviter la cacophonie que la rencontre des voïelles pourrait occasionner ; soit en intercalant quelques consonnes, pour éviter ce mauvais effet, soit en élidant leurs voïelles par un mode presque identiquement semblable, comme en usant du même signe nommé apostrophe, pour l'indiquer et en l'emploïiant presque dans les mêmes cas, dans les deux langues.

Son usage en Grec comme en Français, est si étendu, que la parité de son emploi, m'a naturellement induit à me permettre d'assimiler notre *e* muet à son ε puisque l'un et l'autre, perd également sa valeur, sa quantité et souvent le son qui leur est propre devant une voïelle plus longue, $\alpha\lambda\tilde{\tau\varepsilon}\omega$. comme le mot *mangeons, asseoir, chantée, empire,* (à la fin d'un vers) ne forment en Français, comme en Grec, qu'un pié soit spondée, soit trochée.

Au reste cette innovation orthographo-poétique, se réduit à l'unique suppression de cet *e* muet, la plus brève de nos voïelles, devant les sons vocaux qui commencent les mots suivans, en avertissant de la soustraction de ce schéva par une apostrophe : loin d'innover, je ne fais que généraliser en poésie, une pratique usitée déjà depuis plusieurs siècles, dans quelques mots de notre prose, si unis entr'eux par l'ancienneté de la coûtume, qu'ils paraissent n'en former qu'un seul, comme :

Aujourd'hui, jusqu'à, quelqu'un, presqu'aussi, entr'acte, etc.

pour :

Aujourde hui, jusque à, quelque un, presque aussi, entre acte,

Ainsi les vers suivans qui s'écrivent comme il suit :

Respectez, jouvençaux, le front à cheveux blancs ;

Car la nature et Dieu dans sa grande sagesse ,
  Dans chaque ride et dans ses flancs ,
Y sème, y plante, y range, y loge, y niche, y presse
Chaque jour ses soldats , ses guerriers et ses rangs :
Sans m'occuper ici des autres, j'orthographie le 4.e de cette manière:
Y sèm', y plant', y rang', y log', y nich', y prèsse.

Il ne résulte de cette pratique que deux bien minces difficultés , occasionnées par les deux consonnes c , g , qui étant
douces ou rudes suivant l'occurrence des voïelles , sont également
susceptibles de prendre l'une et l'autre qualité, par l'intercalation
d'un *u* pour les rudaliser et d'un *e* muet ou d'une cédille pour
les adoucir.

Cela posé, pour procéder d'une manière uniforme dans
mon système , j'étends également l'usage de la cédille aux deux
consonnes c, g, dèvant les voïelles a, o, u, pour les adoucir
quand le cas le requiert , au lieu de conserver ou d'intercaler
l'*e* muet qui produirait le même effet, ainsi dans ces deux vers:

Un ange abondant en malice
Race angélique , infernale , impropice ,

Qui suivant ma méthode orthographique, s'écrivent ainsi
qu'il suit :

Un ang' abondant en malice,
Rac' angéliqu' , infernal' , impropice.

Les voïelles *a* par la suppression de l'*e* muet venant à
rencontrer les deux consonnes précédentes c, g, les rudalisent
à la prononciation; pour corriger cette défectuosité, et pour
ne pas dire *ang'* abondant , etc. , et *rac'* angélique , etc. ,
je place la cédille sous ces deux consonnes, et leur prononciation s'adoucissant, rentre dans l'ordre accoûtumé, comme si l'*e*
muet était conservé; angeabondant, raceangelique (qui se prononcent comme dans mang*ea* et douce*a*tre) ou plutôt anjabondant, rassangélique si l'on veut assimiler l'orthographe
à la prononciation.

Remarque. Puisque ç égale deux ss et ge, gea égale je
jea (mangea, Jean) on pourrait écrire : *anjabondant, russan-*

gélique : pourquoi les Français ne prendraient-ils pas la même liberté que les Grecs, qui changent les douces en fortes et celles-ci en aspirées et *vice versa*, selon le besoin... Mais en Français on y procède d'une autre manière, et je ne prétends pas boulverser l'usage établi, malgré l'imperfection des signes de notre alphabet, qui nécessiterait une réforme orthographique, comme tous les savans s'accordent à l'avouer.

Outre que la poésie Grecque supprime toujours l'ε et quelquefois d'autres sons vocaux devant d'autres voiielles, pour éviter des hyatus désagréables à l'oreille, et pénibles à la prononciation, en prose quelquefois, mais en poésie surtout, elle change encore fréquemment les consonnes douces en fortes et en aspirées devant une lettre munie de l'esprit rude, en l'indiquant par l'apostrophe et par les autres signes dont elle est pourvue; je ne crois pas trop m'écarter du respect et de la fidélité dûs au mode orthographique de la nation, en transportant l'avantage du même procédé dans notre idiome soit en emploiiant la cédille, pour adoucir des consonnes trop rudes, comme nous en rudalisons quelques unes par l'intercalation d'un *u* dans plusieurs mots, puisqu'aussi bien que le leur notre idiome dailleurs jouit de pareilles prérogatives à légard de quelques mots, outre, beaucoup, d'autres, particularités, également communes aux deux langues.

Ce raprochement en procurant à la typographie orthographique, la suppression d'une voiielle qu'on ne prononçait point déjà, fournit une bien mince abréviation il est vrai, mais ne cause aucune entrave, ne répand aucun nuage sur la clarté qui caractérise notre idiome; lève aux nationaux, comme à l'enfance, l'incertitude pénible de savoir distinguer quand nos voiielles sont ou ne sont pas aspirées, outre qu'elle facilite l'éloqution énonciative et déclamatoire des vers : par cette fusibilité elle rend d'ailleurs encore si sensible son rapprochement manifeste de parité avec cette langue Grecque, la plus belle, la plus harmonieuse, la plus fusible, la plus mélodieuse, comme la plus poétique, que les hommes aient jamais parlé (ce qui la rendue éternellement la langue des beaux arts) et cela même au jugement du législateur du parnasse latin, qui, pour éterniser cette superbe et sublime vérité, la burinée dans ce magnifique distique.

Graiis ingenium, graiis dedit ore rotundo
Musa loqui, præter laudem nullius avaris...

Un doux climat, un beau ciel et les Dieux,
      Où les Déesses de mémoire,
Ont comblé des faveurs de leurs dons gracieux,
      Pardessus tout ce qu'on peut croire,
Les Grecs seuls fortunés et seuls harmonieux,
Avides seulement de louang' et de gloire :
      Dans ces riants et favorables lieux,
La nature jadis, d'une main libérale
      Fécondant leur terre natale,
      D'un divin soufl' inspira leurs aieux
      En leur donnant largement en partage,
      Par faveur comm' en apanage,
Les plus beaux dons qui soient sous la voute des cieux :
Tous les charmes secrets de leur joiieux ramage
Dans tous les agrémens d'un enchanteur langage :
      Et le plus cher et le plus précieux
      Ou plutôt le divin, le célest' héritage
Qui mérite l'honneur d'avoir des envieux :
Le géni' et l'esprit avec tous les talens
Que leur main prodigua sans cess' à leurs galans,
      Pour bien penser : ainsi que l'avantage
      D'orner de fleurs, de graces, d'agrémens,
Le céleste burin qui signale l'ouvrage
      De tous leurs immortels amans :
Eux seuls dans les beaux arts, illustres et brillans
      Savent remporter la victoire,
Inventer et polir des neufs sœurs le grimoire
      Ou surmonter le vèr rongeur du temps
      En burinant au dernier point l'ivoire...

Au reste, je persiste dans la résolution de réformer la méthode orthographique de notre langue, jusqu'à ce que quelqu'ardent praticien de la méthode ancienne, ait étalé des preuves solides, capables d'anéantir ou de contrebalancer mes motifs, et cela nonobstant, clameur de *haro*, les cris et les oppositions de toute charte Normande ou Gasconne. (12)

Enfin l'on voudra aussi bien m'accorder l'usage licite d'une innovation néologique lorsque les circonstances le nécessiteront :

. . . . *Licuit semper que licebit*
Signatum præsente nota procudere nomen :
Il est comm' il sera toujours permis] licite
De fabriquer un mot nouveau :
Pourvu que de l'usag' un clair trait de pinceau
Auprès du public l'accrédite :
Si votre lim' et son marteau
En légitime le mérite,
Vous en verrez l'heureuse réussite
Dès son auror' à nos berceau :
Il peut avoir cours et crédit
Si de l'auteur prudent la plume
Qui veut en faire le débit
Un peu la martelé sur la voisin' enclume,
Grècqu' ou barbar' : ôtant et la rouill' et l'habit ;
La couleur et le teint ou l'étrangèr' écume
Qui sous nos ayeux le travestit...

Au reste, ils tireront toujours leur origine d'une source Grècque, Latine, Anglaise, etc., etc. ; ou de tout autre idiomé nationnal...

Il me resterait encore quelque chose à dire sur la fable ainsi que sur les innombrables défauts de ma versification, mais cet avertissement n'étant déjà que trop long, je le terminerai par l'addition de quelques rimes pour diminuer l'ennui que cause naturellement une pareille matière...

Qu'un autr' en écrivant, d'un vol ambitieux,
Aille braver l'affreux destin d'Icare
En dirigeant son cours vers la voute des cieux,
Et que dans son essor son luth audacieux,
Dans le vague des airs en chantant nous égare :
Qu'il pique des rivaux de sa gloir' envieux,
En affrontant la mer l'olymp' et le Ténare :
Pour moi né dans de plus bas lieux,
Sous un astre malin, de ses beaux dons avare,

Je ne saurais tirer d'un stérile cerveau
Les couleurs qu'il faudrait pour peindre un tel tableau :
Nourri dans mon enfanc' en un sîte Champêtre;
Elevé dans cet art sans boussol' et sans maître;
Ne connaissant que l'air qu'on respir' au hameau
Et les sermons d'un simpl' et vénérable Prêtre,
Qui n'approcha jamais le trôn' et son berceau,
Ni dans le sein des cours les héritiers du sceptre,
Je peindrai le courant d'un lympide ruisseau :
Le loup cruel, avid' et le timid' agneau :
Le cèdr' et le sapin; le tilleul et le hêtre:
La ros' avec le lys; le chèn' et le roseau:
La chèvr' et la brebis, et la vach' et son veau;
S'il est bien moins d'honneur dans ce genre de lutte
Je ne redoute point en voguant sur cett' eau
        Non plus une si grande chûte...
Bien d'autres favoris des muses et des grâces
Ont chanté parmi nous les destins des combats,
Les hauts faits des héros, leur valeur, leur trépas,
Dont l'éclat et la gloir' ont illustré leurs races :
Les jeux de Cupidon, de Vénus les appas,
Les bienfaits de Cérès, les monts couverts de glaces:
Sur nos coteaux riants, les pampres de Bacchus
Et les dons merveilleux de son céleste jus :
Puis comblant de lauriers les amans de la gloire
Sous l'égide du Dieu favori de Vénus,
Ont immortalisé leurs grands noms dans l'histoire:
Qu'enflammé d'un désir brillant et glorieux
D'enchaîner à ses jeux un public idolâtre,
Un auteur ensanglant' un vast' amphithéâtre:
Qu'il fasse retentir de sons harmonieux
Dans un jour solemnel et la terr' et les cieux :
Qu'à nos yeux étalant des actions tragiques
      De sa verve les feux caustiques,
Arrachent tour-à-tour des sanglots et des pleurs
       A des milliers de spectateurs,
        Soit qu'offrant des scènes comiques
Son luth charm' à la fois les esprits et les cœurs
        Aux réjouissances publiques:
Le sag' et bon Esop', interprète des Dieux

Vient m'offrir la sagess' et son raiion sublime
Dans un portrait fidèl' et lumineux,
Dans l'éclair vif et prompt d'une riche maxime
Qui, comm' un clair miroir, nous prète tous ses yeux
Pour démêler de la vertu le crime :
Plein d'admiration et d'amour et d'estime
Pour ce code si précieux,
Je tâcherai d'orner la sagèsse de rimes :
J'essairai d'embellir de mes faibles pinceaux,
Le mieux que je pourrai, tous les dons légitimes
De ce code divin si fécond en tableaux,
Que la Grèc' a légué jadis à l'Italie,
Dépouille que l'Europ' a si bien accueillie,
Malgré le grand mépris qu'en font quelques cerveaux
Qui regardent ce legs au pair d'une folie !
Gardons-nous de jeter les perles aux pourceaux,
Leur beauté serait avilie...
Le premier dans le sol de notr' Occitanie,
J'animerai de traits variés et divers
Les sublimes leçons de ce divin génie
Et je ferai parler l'esclave de Phrygie,
L'oracle de la Grèc' et du Dieu que je sers,
TOULOUSE, dans ton sein, chez les Français en vers
Pourvu que le destin m'accord' encor la vie...
Attirant sur mes pas dans le sacré vallon
La cohorte qui prend pour son chef Appollon,
Je veux planter ici comm' une colonie
Les muses du somet, du riant Hélicon
Et des bords révérés de l'antique Aonie,
Fixant dans ce fertil' et paternel canton
Tout l'olymp' et le ciel du Dieu de l'Harmonie :
Si je n'ai pas l'honneur d'être assis des premiers
Parmi les rangs de ses nombreux guerriers,
Dans les champs fortunés de l'antique TOULOUSE,
Je suis content d'occuper les derniers !
Et dût la Grèc' et Rom' en êtr' un jour jalouse,
Je veux planter chez toi, pittoresque NOROUSE,
Les palmes et les fruits, les fleurs et les lauriers
De la Rèine qu'Esop' et phèdr' ont pour épouse :
Sur les bords tournoiians qu'arrose de ses eaux,

b

Dans son cours tortueux, l'agréable rigole
En serpentant aux pieds de tes nombreux coteaux,
Ma muse redira les chants de ton école
En rimant tes leçons, dans notre sol, en mots
Soit *patois*, soit *gascons*, comm' en langu' Espagnole:
Sur ton'parnass' orné d'agréables berceaux
Et toujours embélli de jeunes arbrisseaux,
    Antiqu', illustr' et fameux Capitole,
Je ferai retentir dans tes plaines fécondes
De tes vallons charmans les sonores échos
Qu'arros' en serpentant de ses limpides ondes,
La Garonne roulant ici ses eaux profondes,
Ailleurs se divisant en de nombreux canaux
Où viennent aboutir les trésors des deux mondes:
Là je veux élever un templ' à mon héros:
    Auprès des murs du superbe Bazacle
De l'auteur Phrygièn, sur des sons inouis,
    Je ferai revivre l'oracle,
    Puisque de Ch..les les amis
    Me l'ont enfin par faveur bièn permis:
Et puis je placerai comm' en son tabernacle
L'imag' et le portrait de l'auguste Louis
Pour inspirer des chants à ma stèrile verve:
Si du Dieu l'influence, en suivant ses avis,
    Sous l'égide de sa Minerve,
    Sain et sauf en paix me conserve
Je réssusciterai sous l'ombre de ses .ys
La vigueur et les sens, l'ardeur et les esprits
    Que la malic' et la rage *protèrve*
Des *toxiqueurs* dès long-temps m'ont ravis.

Mes vers, lecteur, sans dout', ah! sont bien peu de chose,
    Et je ne le sais que trop bièn,
    Sans que la critique l'expose:
Mais on fera beaucoup, par charité, de rièn
    Et très-bonne métamorphose,
    Si chacun comm' un bon chrétièn
Favorise l'ouvrag' et l'auteur et sa cause,
    En lui prêtant son bon soutien,

En se rendant son gardien :
Quand ils ne vaudraient pas même la pire prose
Si chacun de vous tous veut leur tendre la main
Et d'indulgenc' accorder une dose
A leur misérabl' écrivain ,
Mes épines alors n'auront plus de venin :
Chacun, sans se piquer, pourra cueillir ma rose
Et boiré sans danger mon vin
A son ais' à ma table ronde !
Pour ma fleur roug', ou blanch', ou noir', ou brun', ou blonde,
Lecteur, tout n'en ira que mieux ,
Si chacun devient gracieux
Quand l'auteur en rimant et déraisonn' et gronde ,
Ou fait la mou' aux gens du monde.
Mortels , si j'excitais votre bil' ou courroux,
Si quelqu'un ne veut pas excuser mon délire ,
Sachez que de tout temps les fous,
Les poètes et les gens soûls
Eurent la liberté franchement de tout dire ,
Libr' à chacun pourtant, courtois lecteurs , d'en rire ,
Sans que l'auteur en soit jaloux.

FIN DE L'AVERTISSEMENT.

Notes.

(1) Cette innovation orthographique est le résultat de notes nombreuses, écrites depuis environ vingt ans, lorsque je m'occupais des moiiens de faciliter la lecture de la langue Française : quoique ce ne soit ici ni le lieu, ni l'occasion, ni le juge compétant pour re-

vendiquer une découverte que j'ai fait éclore en mettant sa théorie
en pratique, cinq à six ans avant qu'on en parlât en Europe (et
qui par conséquent m'est propre.) Je suis assez bien fondé dans
mes titres d'antériorité pour que, sans qu'on me taxe d'amour-propre,
je révèle enfin au public, que ce germe m'a été soustrait dans les
deux funestes années de 1815 et 1816, pour être transporté en An-
gleterre, d'où il est revenu ensuite, agrandi, élaboré et plus perfectionné
sous la dénomination de méthode à la *Lancaster...* Certainement je
n'envie point l'avantage que le public en a retiré ou peut en retirer,
mais je ne dois pas renoncer au devoir de signaler mon droit, non
plus que les larcins escobardiques d'une société de frélons qui se sont
permis de faire faire une si grande émigration d'un seul saut (du
midi de la France jusqu'au centre de la G. Bretagne) à une découverte
dont le temps seul et la civilisation pourront faire apprécier l'importance.
Et puisqu'il n'était pas alors licite de crier au voleur, on doit, quoiqu'un peu plus tard, accuser cette furtive, soustraction à la fois
personnelle et nationale, assez malicieusement ourdie, comme la
signaler à l'impartiale équité de la postérité souvent plus équitables
que les intrigues des cabales contemporaines, larcin que l'amélioration
que lui ont fait subir de plus habiles mains, peut seule excuser.

(2) Faute de caractères typographiques fondus *ad hoc*, et horrible-
ment dégoûté dailleurs de revoir des notes, que les yeux de tant
d'Argus, villageois ou *villains*, ont fureté avec tant d'impudence et
souillé par un espionage digne en tout point de ce qu'on nomme mou-
chards, à prendre ce mot dans toute la force du terme, je me bornerai
dans cette première édition, à indiquer les nouvelles modifications orthographiques que je propose, sans pouvoir les mettre toutes visiblement en usage. De ce nombre sont les accens moiiens (˅) ceux destinés
pour les syllabes composées de deux ou trois voiielles ˊ ˋ ˔ : tels
sont encore les caractères h , g, ch, aspirés et barrés par un trait
horizontal pour les distinguer des mêmes signes doux, non aspirés,
mouillés , chuintans, etc. Tels sont encore t , g , sous lesquels je
voudrais sous-poser une cédille (؟) pour donner au premier le
son de *ss* et au second celui de *j* : au reste l'Imprimeur par ses soins
assidus, et une attention qu'on ne saurait assez louer, a surpassé
mes espérances et fait plus qu'on ne devait attendre , surtout dans une
petite ville de province, de sorte que je suis persuadé , que dans
une grande on n'aurait pu mieux faire avec les mêmes caractères.

Si quelque Tribunal Académique ou quelque conseil universitaire,
a le noble courage d'appuiier mon plan, pour faciliter l'étude de notre

langue aux étrangers, il travaillera encore pour la nombreuse masse des adolescens, ainsi que pour les classes de deçà la Loire, à qui l'idiome de Bossuet, de Corneille, de Fénélon, de Racine, de Rollin, de Pascal, de Buffon, etc., etc., n'est pas trop familier, faute d'homologuer nos caractères orthographiques sur notre prononciation, inconvénient qui rebute plus qu'on ne croit, l'étude d'une langue que notre éclat littéraire, destine probablement à être entendue depuis les frontières de la Chine et de la Sybérie, jusques sur l'immense surface des deux Amériques.

(3) Il arrive quelquefois que la nécessité d'accentuer les voïelles est motivé par des inflexions *prononciatives*, propres à notre accent national, et ensuite parce que quelqu'une d'elles forme une syllabe distincte de ses voisines: alors l'une recevra l'accent tonique ou orthographique et l'autre l'accent poétique. Ainsi dans quadriénnal, les lettres *ienn* formant deux syllabes, j'avertis que *i* doit être disjoint de *enn* par un accent *i*. C'est l'accent poétique : dans fiér monosyllabe, l'*e* étant très-ouvert nécessite l'accent grave pour être prononcé correctement: c'est alors l'accent orthographique : enfin dans se fiér mot dissyllabique, je place d'abord l'accent aigu sur *fi*, pour avertir que cette syllabe est distincte de sa voisine et ensuite un autre accent aigu sur *ér*, pour fixer sa prononciation, qui ne doit pas être confondue avec celle de *fiér*. Il en est de même de obéir ou obéïr qui nécessite l'accent orthographique sur *é* et ensuite le tréma ou l'accent poétique sur *i* pour indiquer que c'est une diphthongue composée de deux syllabes.

(4) Notre langue a peu de mots à qui les graces de la poésie accordent ce passe-port: tels sont p, ex, món-ame, bón-ami, ancien-historien, certain-auteur, en-étudiant, bien-ugréable, rien-au monde, etc. Tels sont encore les finales nazales des mots *amén*, *examén*, etc., qui se lient fort bien avec les voïelles des mots auxquels elles sont jointes. Quand en poésie on a l'ineptie d'accoler une voïelle nazale, avec un mot qui commence par une voïelle, on se trouve dans un pénible cul-de-sac qui force le lecteur à faire un hyatus ou à dénaturer la nazalité de ces sortes de voïelles: les Gascons disent p, ex, *divi-n-époux* et les Normands au contraire: divin-népoux: il faut éviter dans les vers et dans le discours soutenus, l'un et l'autre mode cacophonique qui dénature la rectitude énonciative du langage Français ou qui force à enfanter des hyatus (aussi pénibles à l'orateur, que désagréables pour l'auditeur) à moins que l'hémistiche ne rompe cette liaison et ne la rende légitime, comme dans ce vers de Racine,

Celui qui met au freiu à la fureur des flots :

(5) Plusieurs noms terminés aujourd'hui par une simple consonne en avaient anciennement deux : c'est ainsi que travail, conseil, babil, reproduisent les deux *ll* dans travailler, conseiller, babiller, accueillir, etc. Il en est de même des mots terminés par *n* qui reproduisent les deux au féminin. Comédienne, musicienne, ancienne, etc. Or, toujours la voielle *e* suivie de deux *nn*, n'est pas nazalisée en *ain* ni en *an*; comme on le voit dans prénnent, empénnent; mais faute de caractères pour cette fois, je ne puis ni tout dire, ni rendre tout mon plan bien intelligible. Voyez la note (2).

(6) Voiiez la note (2).

(7) Voiiez la note (2).

(8) Voiiez la note (2).

(9) Ainsi, toutes les fois que *i* suivi de deux *ll* n'aura point d'accent, on le prononcera mouillé : quand au contraire il en sera marqué, les deux *ll* ne seront pas mouillés, mais même seront prononcés presque toujours comme s'il n'y en avait qu'un, sauf quand *ill* commence les mots.

(10) Voiiez la note (2).

(11) Les syllabes gua, gue, gui, guo, guu, qua, que, qui, quo, quu, ont quelquefois l'*u* aigu sans que pour cela elles fassent une syllabe distincte de la voielle suivante : quand elles la formeront, ces voielles recevront dabord l'accent poétique et la voielle aiguë l'accent orthographique. C'est ainsi qu'on distinguera ces mots où ua, ue ui, etc., est une syllabe monophtongue, ou une syllabe diphtongue.

aiguade	de aigúille	sanguin de sangúinolant
aiguail	— aigúillon	qualité — quádragenaire (couad)
aiguai (ier)	— aigúiser	question — quésture (cuest)
aigue (marine)	— aigúillette	quilte — ubiqúiste (cuiste)
aiguiére	— aigúillée	quinze — quinquénnal (cúincuennal)

ou ui est une syllabe monophtongue, et úi monosyllabe diphtongue parce que l'*ú* y est aigu et différent de *luit.*

(12) N'est-ce pas un phénomène à la fois politique et littéraire que cet inflexible rigorisme de l'académie française qui s'obstine encore au 19.me siècle à écrire en tête de son dictionnaire *françoise*, quand le bon sens national, muri par le génie de M. de Voltaire, nous indique une voie également simple et commode, que douce à la voix et à l'oreille? D'où vient que la France, qui a successivement passé depuis notre régénération sociale par tous les degrés du libéralisme; et qui commence enfin à goûter le régime *constitutionnel*, peut tolérer cette irréfragable coutume, dans ce tribunal à la fois national et européen

qui semble rester là debout et immuable pour nous braver, quand
tout a changé autour de nous, les usages, les mœurs, les doctrines,
et qu'il s'est établi un nouvel ordre de choses, dont le renouvellement
a pénétré jusqu'aux derniers détails qui ont amené de nouveaux besoins ? Ne serait-il pas enfin temps que le dissolvant universel qui
a travaillé toutes choses, vienne enfin applanir les difficultés orthographiques de notre langue en faveur des étrangers, comme pour nos
générations naissantes, et son immuable sentence autant que barbare,
attend-elle que ces étrangers viennent la défigurer pour opérer cette
réforme tant désirée ? Sur quels motifs pourrait-elle étaïier son refus
et s'obstiner à retenir un ancien mode orthographique, opposé à une
nouvelle prononciation à qui elle refuse encore un habit convenable ?
est-ce orgueil ou défaut de complaisance pour les nationaux ? Qui
de nous ignorerait aujourd'hui, que depuis près de trois siècles, les
étrangers, sous François premier et sous les Médicis, ont dénaturé
dans plusieurs mots, le son de la syllabe *oi* (qui sent un peu l'o-
rigine des étangs de la Hollande ou de la Franconie, comme les
grenouilles qui y fourmillent) pour prendre celui de *ai*, que l'amé-
nité Italienne lui a imposé : pourquoi après avoir subi le joug de
leur prononciation, nous refuser à décorer d'un habit convenable
cette fille adoptive que les Transalpins ont enfanté pendant leur séjour
en France, et qui ne tient encore que par l'habit à la Gaule antique.

Si nous ne voulons pas porter la serpe du libéralisme dans notre
langue, il pourrait bien nous arriver peut-être les fâcheux désagré-
mens que les Grecs et les Latins, etc., ont éprouvé de la part des
Barbares, qui leur ont imposé un joug complet jusques dans leur idiome
qu'ils ont rendu méconnaissable. C'est pourquoi tandis qu'il en est
temps encore, tendons la main à ceux qui veulent bien nous entendre
et fixons irrévocablement par des signes inaltérables, la rectitude de
la prononciation de notre langue, quand tant de peuples ont perdu
celle de la leur, de peur qu'un déni de justice ne renverse le juge
de son siége *amovible*, car rien n'est stable dans ce monde.. Ces
considérations peuvent paraître futiles ; mais les hommes qui con-
naissent toute l'importance de la parole, et de ce lien social qui rend
l'homme le roi de la création, après son auteur m'entendront sans
doute, si cette réticence ne cache pas l'arrière pensée de faire retro-
grader tout ce qui a été fait en Europe, depuis Sully, Richelieu,
Colbert jusqu'à Chaptal, etc. : que personne ne s'effarouche, je n'entends
parler ici que des progrès immenses de la France, dans les arts, les
sciences et l'impulsion donnée à l'industrie, à l'agriculture et au com-

merce ; je ne prétends ulcérer aucune victime des révolutions qui se
sont succédées depuis deux ou trois siècles, et de tous les barbarismes
ceux du langage sont sans contredit ceux qui répugnent le moins à mon
cœur, si mon esprit a l'imprudence de les commettre quelquefois :
j'honore, je respecte et je vénère bien certainement tous les talens,
tous les mérites et cette foule de génies ou de vertus que les consti-
tutions libérales font fourmiller, mais personne aussi ne plaint plus que
moi, les infortunes et les malheurs généalogiques de certaines castes
privilégiées ; malheurs d'autant plus cuisans, que l'imprudence de
nos anciennes institutions avait plus accumulé de priviléges sur
certaines têtes dont la chûte ou l'abaissement est d'autant plus dou-
loureux, que leur disparité était colossale. Mais rappelons seulement
ici, que les peuples de l'Italie firent jadis une rude guerre à la reine des
nations, pour obtenir ce droit de bourgeoisie Romaine, que son impoli-
tique leur refusait, et que plus tard mille peuples attirés à sa curée sous
la conduite des Attila, des Huneric, des Genseric, des Alaric, etc.,
vinrent le vendre à l'encan sur le fauteuil même des juges qui le
leur avait dénié et qu'ils ensevelirent sous des tas de ruines. Aujour-
d'hui leurs descendans et une foule de nations attirées par la curiosité
ou dévorées d'envie, ou guidées par des ressentimens, dévorent avec
avidité notre littérature, si nous ne pouvons construire une muraille
de cinq cents lieux comme les chinois, aiions du moins la politique
de les humaniser ou de les adopter dans la famille littéraire qui les
civilisera : rappelons-nous que Rome commença d'aller chercher les
lois de Solon dans la Grèce, et que plus tard elle en enleva les tableaux, les statues, les bibliothèques avec ses richesses, et les
hommes pour les réduire en esclavage : que le malheureux Persée,
dernier successeur d'Alexandre, y mourut en prison, et que son
second fils nommé encore Alexandre, fut réduit, pour gagner sa vie,
à travailler dans la boutique d'un *menuisier* !!!!! Ces vérités pourront
être désagréables à quelques souverains comme à d'autres personnes
d'un rang bien moins élevé, mais elles n'en ont pas moins été et
n'en seront pas moins toujours des vérités. Eh, qu'on ne se flatte
point de vivre aujourd'hui sous le joug du christianisme, qui nous
préserve de pareilles barbaries :

Le célèbre Moïse, dont le cerveau transcendant et le savoir unique
n'ont pu encore trouver d'égaux chez aucune nation de la terre, ni
dans l'histoire. (que la faux du temps n'a pas enseveli dans des tas
de ruines) ni dans la médecine, et surtout dans la législation, la
morale, la religion et la politique, a su atteler au char de son génie

non-seulement les ressorts politiques et religieux des destinées passées du globe, qu'il domine par une impulsion surnaturelle, depuis plus de trente siècles, mais qui parait très-probablement en régir encore irrévocablement les présentes et les futures, porté sur les deux ailes récentes, que cet arbre antique et vénérable a poussé après que ce cèdre majestueux, planté et cultivé par la main de l'éternel lui-même, eut été renversé au terme marqué par ses décrets irrévocables :

Ce génie dis-je, lieutenant de la providence sur le globe, plane par son œuvre immortel sur tous les points de la terre habitée, si l'on en excepte l'antique, le vaste et populeux empire de Fo-hi, où les sectateurs de Con-fu-tzée luttent assez vigoureusement depuis près de 1800 ans, contre les missionnaires du Ko-ran, de l'évangile et de la loi qui y comptent tous trois peu de sectateurs, malgré l'ardent prosélytisme rabinique des partisans du pentateuque et des enfans d'Israël ou des Patriaches, dont le régime destructeur ou contempleur des sciences, et des arts libéraux, semble n'avoir eu encore aucun poids dans la balance politique du respectable, du modéré, et surtout du pacifique cabinet de Pé-kin, toujours zélé pour l'agriculture, le commerce, la navigation, les sciences, les arts, l'industrie, la civilisation, et surtout pour la paix, à l'ombre de laquelle ils fleurissent presque sans interruption dans son sein depuis tant de siècles,. Cabinet qui a pris pour maxime constante, d'accorder ses distinctions honorifiques et ses rubans nobiliaires aux vertus, au savoir, aux talens et au génie, plutôt qu'à l'épée des castes féodales, gouvernement qui seul jusqu'ici, s'est montré sans interruption depuis plus de 4000 ans, le plus anti-vandaliste des gouvernemens de la terre, et qui parait avoir été la pépinière des découvertes inappréciables, que l'Europe croit avoir inventées, mais qui la plupart sont venues de ce réservoir estimable: comme la boussole, l'imprimerie, la poudre, le papier, la vaccine et même les télescopes peut-être... Tous arts qui ont imprimé tant de gloire à l'industrie chrétienne.

Eh bien, Moïse, Moïse ne put ou ne voulut laisser à ses descendans (en partie hybrides, il est vrai, et qui auraient abâtardi le sang du père des croiians étant étrangers à la race des patriarches) aucune influence politique, ou stratégique dans sa république théocratique qu'il venait de soustraire au gouvernement patriarchal et dans laquelle il venait lui-même de jouer un si grand rôle, ensorte qu'il remit entre les mains de Josué, l'épée qui devait assurer la conquête de la terre promise à leurs ancètres, et l'encensoir seulement à son frère Aaron.

De plus, la postérité du fils d'Isaï ou de Jessé, à qui le sceptre

d'Israël avait été promis jusques à la fin des siècles, eut ses derniers
descendans couronnés, aveuglés et entraînés en servitude dans la
fameuse Babylonne : et que ses mêmes descendans, qui doivent posséder éternellement le sacerdoce de Melchisédech, ne l'obtiennent depuis
St.-Pierre et ses successeurs, jusques à Grégoire XVI, que par
élection !! Je n'en dis pas davantage : *qui habet aures audiendo,
audiat.*

Faute de fixer par des signes, la prononciation de leur idiôme, nous
avons perdu la racine vivace des plus belles langues des peuples de l'antiquité, c'est pourquoi, puisque c'est le règne de la nôtre, ne négligeons
point cette importance : les étrangers et les Français se sont également
prononcés contre cette obstination, et le pénible embarras de distinguer
quand *oi* doit être prononcé *ai* ou non (ainsi qu'une foule d'autres
difficultés) se joint à la supplique universelle, pour obtenir enfin
un jugement tant attendu, et dont le refus pourrait faire soupçonner
quelque projet anti-chartiste. On n'est pas sans quelque crainte, même
assez bien fondée, que quelque ordonnance ou quelque Ukase des Tzars
ne vienne un jour nous ôter la liberté de dire ou d'écrire *ai* ou
bien telle autre vétille, comme un décret anti-libéral de fâcheuse
mémoire, nous ôta sous l'empire la liberté de dater nos actes de ce
calendrier agricole, acheté par tant d'illustres sacrifices, et par cela
qu'il était agricole, il semblait devenir universel, ou du moins éten-
dre son empire sur tous les peuples compris dans les Zones tempérées,
depuis la ligne au pôle Nord.

En attendant qu'une commission académique ou que quelqu'autre
fasse mieux, je mets ici en avant quelques-unes de mes idées
(ancien rebut du furetage et des larcins de quelques frélons) car
il ne m'est pas possible de les reproduire toutes : quelques notes se
sont égarées dans des jours malheureux, d'autres ont été soustraites
même dans la maison paternelle ou dans les ba-- de tou-- et j'attends
peut-être en vain que ces rapaces moissonneurs me les rendent, ou
qu'on n'en prive point le public, en me forçant à tronquer et mutiler
ce que ni eux ni moi ne pouvons posséder tout entier... Mais la
fausse mère préfère toujours consentir à voir l'enfant divisé, qu'à
se charger de sa nutrition, parce qu'elle n'a point d'entrailles pour ce
qui ne lui appartient pas, et qu'elle n'est bonne ni à faire ni à
laisser faire.

FIN DES NOTES.

●●●●●●●●●●●●●●●●●●●●●●●●●●●●●●●●●●●●●

APHÉSIE

De mes Vers mythiques dans le monde.

⸺⸺⸺✧⸺⸺⸺

Allez, mès vèrs, tardifs enfans
D'une muse trop peu féconde,
Bravér l'inconstance dès vents
Qui roulent les flots écumans
Dès mèrs orageuses du monde...

Allez furetér tous lès coins
Et tous lès recoins de la terre :
Que votr' œil sonde tous sès points,
Et port' également sès soins
Sur Thémis, la paix et la guèrre...

Partez sur lès aîles du temps;
Volez en tous lieux à la ronde
Affrontér lès fougueux autans,
Et le courroux dès ouragans,
Dont ce globe roulant abonde...

Que votre bruiiante cohorte
Sans crainte brave lès dangérs,
Qui par leur turbulent' escorte,

Nuit et jour, assiégent la porte
Des vos aziles passagérs...

Vèrs pétris de chagrins cuisans,
Dans votre course vagabonde,
Portez sous dès cieux complaisans
Tous cès vains projets imposans
Sur lesquels votr' espoir se fonde...

Du glob' allez faire le tour :
Epluchez chaque personnage :
Et par feint' ou sans nul détour
Mettez sès défauts au grand jour,
Sans épargner le rang ni l'âge...

Ni fortune, ni sang, ni caste,
Ni sexe, ni condition
Du moindre fat enthousiaste,
Dont l'orgueil ou l'ambition
Vous blesserait par son contraste...

Tancez la nobless' et la cour,
La ville comme le village,
Lès colombes et leur vautour,
L'encensoir cómme le tambour,
Et lès fous et l'aréopage...

Que chacun dans votre miroir
Puisse contemplér son visage :
Librement ou sans le vouloir,
Que tout œil lise son devoir
A chaque feuill', à chaque page...

J'abandónn' un' ample moisson

A votre verve satyrique :
Avant de faire la leçon
Cachez finement l'hameçon
Pour que le moins gourmand le pique.

Sur le chên' et sur le roseau,
Sur lès mœurs et la politique ,
Que votre mordante critique
Pass' également son niveau ,
En ligne droit' ou par l'oblique...

Acharnez-vous sur lès tyrans
Dont la stupidité s'hónore :
Arrachez vit' à cès torrens
Tous cès vils insectes mourans
Que leur griff' ou rage dévore...

Lancez contr' eux lès traits retords
De votre foudroiiant tónnèrre :
Piquez lès lâches et lès forts
Dont lès trop coupables éfforts
Rongent ou ravagent la tèrre...

Que dans vos projets transcendans ,
Le ciel propice vous seconde :
Et qu'il vous préserve dès dents
Dès loups et dès chièns impudens
Postés en tous lieux à la ronde...

Fuiiez de la moindre mégère
Lès funestes exhalaisons ,
Et la vénimeus' athmosphère
De l'engenc' ou race vipère
Dardant sès dangereux tisons...

Dans vos désirs impatiens,
Fils d'une verve moribonde,
Esquivez lès écueils bruiians,
Comme lès rochérs aboiians,
Au tour desquels l'orage gronde...

Mais évitez surtout la rage
De cés loups qu'ont blessés vos traits :
Et l'envi' et le brigandage
De cès frélons ou loups parfaits
Qui vous refusent leur hommage...

Si vous portez vos pas glissans
Vèrs lès climats gelés de l'ourse,
Prodiguez le plus pur encens
Aux mortels, faibles ou puissans
Dignes de boir' à votre source...

Si vous prenez d'autres chemins
A l'opposé de cette route,
N'épargnez pas cès cœurs malins
Qui sont la honte dès humains,
Et du monde qui lès redoute...

Ranimez sous ce ciel ardent
Lès feux amèrs de votre bile :
Armez-vous de votre trident :
Qu'un de vos dards soit plus mordant
Que trois, que dix, que cent, que mille...

Si vous portez vos traits brûlans
Au loin sur lès plaines de l'onde,

Chez tant de voleurs oppulens (1)
Décochez lès faibles talens :
Du fiel amèr qui vous innonde...

Faites regorger cès trésors
Dans lès mains de leurs ancièns maîtres :
Qu'enfin de trop tardifs remords
Viènnent réparer tant de torts
Faits sans sujet par leurs ancêtres...

Que le malheureux Africain,
Qui va si loin traîner sa corde,
Amóllisse le cœur d'airain
D'un évangélist' inhumain
Rebèll' à la miséricorde...

Si vous scrutez le vil repaire
Dès bourreaux dévots au koran
Et de Mahomet le vicaire :

---

(1) Les Européens incapables de résister aux immenses conquêtes de l'islamisme et des Turcs, qui leur ont enlevé les meilleures parties de l'Asie, de l'Afrique et de l'Europe, c. a. d. le jardin du globe, ont été à leur tour prendre leur revanche sur les malheureux Américains, auxquels ils ont ravi et volé les terres, les trésors et la liberté : pour cette fois ils avaient beau jeu, en luttant contre des innocens qui ignoraient les terribles effets de la poudre, et la science de notre stratégie, soit nautique, soit terrestre... Mais c'était nos pères et non les colons leurs descendans qui étaient des voleurs ! ! !

Au reste l'usage où l'on est habituellement, d'entretenir la société sur les minimes voleurs fait que les grandes coteries de même profession, passent à l'ombre de ce futile babil et cette politique tient à leur prudence..

« Amusons le public par des farces, des sauts,
« Pour l'aveugler sur de plus grands défauts,
Aux yeux d'autrui sachons masquer nos vices
« En jetant de la poudr', en usant d'artifices.

Faites rougir ce sanguinaire ,
De sès sujets lache tyran...

Pareil au bouc par son menton ,
Sès mœurs et sa façon de vivre ,
Il ravale comm' un mouton
L'homm' qu'il façonn' au bâton
Dans l'esclavage qui l'enivre...

Tigr', armé d'un sceptre d'airain ,
Il fonde son bonheur fragile,
Sur le malheur du genr' humain :
Pour un heureux trop incertain
D'infortunés il en fait mille...

Si vous parvenez au séjour
Du sag' et docte Con-fu-tzée ;
Félicitez l'heureuse cour
Qui gout' ici bas l'élysée
Sans l'ignoranc' et son vautour...

Seul', elle voit passér dès siècles
Par millièrs , et sans rien changér
Dans sès mœurs , laisse nos espiègles
Transgressér chaque jour leurs règles ,
Et de point en point voltigér..

Chez dès gens perfides ou francs,
Sans compas , équèrre ni sonde ,
Chez dès peuples bruns , noirs ou blancs ,
Soiiez prompts à serrér vos rangs
Afin que nul ne vous confonde...

Craignez surtout l'œil décevant
Qui vous masque dés cœurs sauvages ?
Comm' un vaisseau privé de vent
On est englouti tout vivant ,
En abordant de tels parages...

Fuiiez cet ignoble naufrage ;
Et sous un ciel moins rigoureux
Transportez vèrs un autre plage
Ce zèl' ardent et vigoureux
Qui doit silloner ce voiiage...

Suivez le chemin du couchant :
Revenez du côté de l'aube :
Sur tous les points escarmouchant ,
Nuit et jour sans cesse marchant ,
Faites enfin le tour du globe...

Tour-à-tour allez vous montrér
Aux sages mortels de la terre :
Partout où l'on peut pénétrér
Tout ce que l'on ose plâtrér
Scrutez-l' à travèrs votre vèrre...

L'Inde jadis vous envoiia
Ou dans l'Epypt' ou dans la Grèce ,
Où plus tard le franc Giboya
Et ravit ce qu'il emplóya
A combler sa grande détrèsse...

Retournez donc à l'ateliér
Et vèrs le ciel qui vous vit naître ,
Sous cet habit peu réguliér

Fair' en impudent écoliér
La leçon à votr' ancièn maître...

Comme la navett' ellyptique
Entre les doigts d'un tissérand ,
Lois, mœurs, arts, culte, politique,
Prêtre , soldat , hébreu , marchand ,
Vaurien , vagabond et gourmand ,
Comme l'étincell' électrique,
Sur ce petit globe roulant ,
Vont et viennent d'Amboin' à Gand ,
D'Alexandri' en Amérique ,
De la Zéland' au Groënland ,
Et du Cap-horn au Pol' actique...

« Vèrs impuisans et trop malins,
» Portez ailleurs votr' œil immonde,
» Votre critiqu' et vos chagrins , »
Diront la plupart des mutins
Que votr' ardente lime fronde...

Mais que l'auguste vérité
Soit toujours l'unique boussole
Qui dirige votr' équité :
Et que votre moindre parole
Ne démente jamais l'école
De l'incorruptibilité...

Mill' et mille fois ell' assure
A ses enfans dans l'écriture ,
Avec serment par son saint nom,
Et s'engag' et protest' et jure
De punir l'insult' et l'affront
Dont on abreuve l'âme pure:

Que son doigt sera toujours prompt
A venger hautement l'injure
Du cœur pervers et furibond :
Que son bras étend sa puissance
Pour protéger le moindr' individu
Qui plac' en lui sa confiance;
Que le cœur pur jamais ne sera confondu
S'il ne pratique point ce qu'ell' a défendu
Et s'il reste fidèle à sa saint' alliance...

Aux potentats comm' aux bergérs,
Sans crainte faites-vous entendre :
Et ne redoutez nul dangérs ,
Qu'ils veuillent , ou non , vous défendre
Quand ils seraient comm' Alexandre :
Et que leurs flatteurs mensongérs
Consentent , ou non , à vous prendre
Pour leurs intégres méssagérs...

Que vous trouviez en chemin
A vos discours dés cœurs fidèles,
Dispos à vous tendre la main ;
Ou bien dés oreilles rebelles
Au but de mon noble projet :
Je suis content et satisfait ,
Que dés probes la conscíence
Et dés fous la fausse scíence
Disent tout bas dans leur maison,
Comme tout haut sans réticence :
Vraiment cet auteur a raison ,
Quelquefois dans son oraison ,
Quoique l'ardé' , un peu trop de licence...

Fables Occitaniennes.

Sol favori de Pallas (1) de Cérès (2)
　　Et du Dieu de la médecíne : (3)
　　Et de Bacchus et de Palès : (4)
　　Salut , sol de mon origíne ,
　　Où l'on coule de si beaux jours ,
Chez Appollon , auprès deMnémosíne : (5)
Climat fertil' en jeunes Troubadours ,
　　Chéri des Nymphes d'Aonie ,
　　Et d'Aphrodit' et des Amours ,
　　Et d'Euterp' et de Polymnie , (6)
Daigne prêter l'oreill' à mes discours...
　　Salut , salut , sol fortuné ,
　　Que je meure terre bénie ,
　　Terr' où j'ai long-temps séjourné ,
　　Oui , si jamais je te renie...
Climat chéri de l'amant de Daphné
　　Et du père de l'harmonie ,
Où Flor' et le Zéphir soufl' un air citronné (7)
Pour embeaumer le sol qui leur fut destiné
　　Par notr' anciènne colonie...

(1) Voir les notes, page 36 et suivantes.

Beau ciel, climat heureux, par leurs doux soins orné,
    Salut, sit' affectionné,
    Où l'abondanc' aux beaux arts est unie, (8)
    Où le plaisir à tous semble donné!!!
      Si le sol de l'Occitanie,
    Ne produisit jamais nul grand génie; (9)
C'est dans ton sein du moins, tèrr' où jadis est né
Le premier Troubadour qu'on ait vu couronné,
    Quand désertant la Grèc' et l'Eolie,
      Les jeux d'Olymp' et d'Italie,
Les Muses, que chassait un vautour forcené,
Se groupèreet autour d'un sol qui les ralie,
      Loin de leur tyran mutiné
      Dont le courroux les humilie,
Quand des Pindes chrétiens Toulouse fut l'aîné
Et que d'Arnaud Vidal, la tèt' est ennoblie
      Par ce délyr' ou par cette folie... (10)
      Gloir' à toi, climat, sol natal
    Qui donnas autrefois le jour à ce Vidal,
    Que sa patri' aujourd'hui mèm' oublie!!!
      Daign' accepter ces poétiques fleurs,
        Comm' un sincère témoignage
        Du trop juste tribut d'honneurs
        Dont je t'offr' aujourd'hui le gage
        Dans ces récits fabulateurs, (11)

---

(1) Les vers-à-soie et les oliviers de la Provence ainsi que les manufactures des soieries de Lyon....

(2) Les céréales du haut Languedoc et de la Gascogne.....

(3) La célèbre université de médecine de Montpellier, une des plus anciennes de l'Europe.

(4) Les pâturages des Cevènnes de la montagne noire, comme les fertiles vignobles du bas Languedoc.

(5) Tout le monde sait que les Troubadours ont ressuscité les beaux

Comme du véridiqu' hommage
Du moindre des littérateurs
Qui se croit fort heureux et sage
De pouvoir t'accorder dans ton sol son suffrage...

---

arts dans le midi de la France, quand l'Europe était encore plongée dans la barbarie.....

(6) Ses Académies qui rivalisaient alors avec celles des Arabes sont les plus anciennes de l'Europe.

(7) La Provence cultive le grenadier, l'oranger, le citronnier, l'olivier, plus de 30 seps de vigne et autant d'espèces de figuiers : elle renferme en outre beaucoup de simples précieux dans la médecine et la parfumerie.

(8) L'agriculture et le commerce, grâces au magnifique canal roiial, font la richesse du midi de la France.

(9) Le midi de la France aiiant devancé l'Europe dans les sciences et les beaux arts, faute de circonstances purement éventuelles, compte peu de grands hommes sous le règne de Louis XIV, et depuis cette brillante aurore nationale...... Mais parmi ses illustres, on ne peut passer sous silence dans le génie, l'immortel Riquet dont l'ouvrage plus immortel contribue au bonheur de plusieurs millions d'ames.

Il serait trop long d'énumérer ici la foule d'hommes illustres auxquels notre province se glorifie d'avoir donné le jour ; mais on ne saurait passer sous silence ceux qui depuis notre régénération sociale ont illustré la patrie du Troubadour Vidal..... Elle compte des jurisconsultes célèbres (M. C-s) dont les rares talens ne sont pas même éclipsés dans la capitale d'un état où la plupart des nations viennent ou viendront dans la suite réformer leur législation... Des Ministres (M. D.) qui à l'époque périlleuse des terribles coalisations européènnes contre la France ont si puissamment contribué, par l'activité étonnante et la sagacité presque surnaturelle que nécessitait le déploiement colossal d'un matériel martial immense, aux succès éclatans de l'époque dont le génie qui dirigeait la tactique des campagnes glorieuse a couvert notre patrie.... Des généraux (M. A-y) qui, comme César, par leur universalité, ont tour-à-tour coopéré à la gloire nationale dans le 1.er corps militaire, le Génie : dans les arts, les sciences, les voiiages et la politique, surtout dans la branche diplomatique qui, pour réussir, semble nécessiter aujourd'hui la science consommée d'un courtisan habile et la tête d'un Nestor à côté du bras d'un Achille..... La cervelle d'un lord Chatam ou d'un Talleyrand jointe au génie d'un N...... ou d'un M....., des évêques ou archevêques (M. B.) qui, s'ils ne sont pas nés dans son sein, l'ont honoré long-temps de leur résidence et par leurs fonctions respectables pendant une grande partie de leur âge..... Des ingénieurs dont la rare habileté, presque innée et hérédi- taire est estimée dans l'Europe savante comme attestée par des té- moignages incontestables dans le midi aussi bien que dans la Péninsule... Des gastronomes (M. B. -1) dont le goût culinaire et l'habileté dans l'art voluptueux de la table, compte de nombreux approbateurs dans une Capitale où cette profession ne manqua jamais de rivaux, surtout dans un siècle épicurophile.

Il serait trop long de mentionner les nombreux et braves légion- naires dont elle s'honore; mais pour donner une idée de sa bravoure et montrer qu'elle n'a été chiche ni de gloire ni de courage, il suffira de citer pour échantillon une famille de cinq frères, tous décorés, et dont quatre encore en vie peuvent, lorsque leurs fonctions leur permettent de se réunir, orner les quatre faces d'une table et faire un quatuor de décorations.

Enfin des littérateurs, des poètes, des membres de l'Institut dont le mérite scientifique, historique, philosophique et littéraire compte de justes approbateurs, de nombreux disciples et de zélés partisans dans le monde savant, lesquels, par leurs fonctions sacrées et pater- nelles, se sont acquis surtout une estime universelle, un respect et une vénération que rien ne saurait effacer de tant de cœurs où ils ont semé les germes de la vertu, en même-temps qu'ils ont cultivé une fourmilière d'intelligences qui, à leur tour, font refléter sur leur personne une gloire immense, une reconnaissance illimitée dans les quatre parties du monde qui leur reste à jamais redevable de tant de soins pénibles et de tant de sacrifices honorables prodigués sans mesure à une des époques les plus critiques de notre révolution....

On peut rencontrer dans tout édifice sans doute, des pierres qui le déparent..... Judas se trouve à côté des apôtres, comme des poltrons à côté des Achille..... Je prie la faction J. de se taire..... Qu'on res- pecte les malheurs, funestes effets de l'acharnement d'une cabale Satanique : je n'attaquerai personne le premier, mais les armes qui peuvent la terrasser, tout le monde aujourd'hui les connaît..... Qui pourrait encore en être la dupe ? Personne n'ignore que les Raynal, les Néedham, les Helvétius, les d'Holbach, les Voltaire et mille autres formés et stilés à leur école, ont été les soupiraux par lesquels les serpens tentateurs ont soufflé tous les vents pestilentiels, les

enivremens surannés et les vertiges qui ont sapé l'édifice de la pierre
angulaire..... Je n'en dirai pas davantage, mais à condition que les
infâmes disciples de Circé respecteront les malheurs des infortunés
compagnons d'Ulysse... Il est prouvé que leur estomac n'est pas à
l'épreuve des convulsions de l'émétique ni à l'abri des recettes sataniques
dont le catalogue hideux est l'écueil de toutes les vertus et de tous
les biens dont on peut jouir ici bas.

(10) C'est en 1324 qu'Arnaud *Vidal*, natif de Castelnaudary, rem-
porta la première couronne ou fleur distribuée par la Société du gai
savoir de Toulouse.

(11) De *Fabulator* conteur de fables (mythologue, mythographe.)

●●●●●●●●●●●●●●●●●●●●●●●●●●●●●●●●●●●●●

Fables Norouziennes.

Salut chastes Nymphes des eaux,
Salut bienfaisantes Náyades
Qui présidez à nos ruisseaux,
A nos bassins, à nos enclos,
Et vous leurs sœurs, les Oréades,
Qui déroulez tant de rians coteaux (1)
(Sous l'horison de nos façades)
Que la blonde Cérès et le Dieu des troupeaux
Couvrent de leurs riches peuplades
Et des précieux végétaux
Qui bordent les contours des belles promenades
Dont le géni' orna ses superbes plateaux : (2)
Vous qui formez ces superbes cascades
Dont l'onde pur' entretient les canaux
Que Riquet a tracé dans nos plaines fécondes

---

(1) Les nombreux chaînons des Corbières qui lient les Pyrénées à la montagne noire ont justement le culminant de leur croupe à Norouze qu'ils prolongent très-sensiblement jusqu'à St. Féréol.

(2) Il est impossible de tirer un parti plus avantageux pour l'agrément et l'utilité, que celui qui a été exécuté par les soins de l'habile ingénieur P.. dont le mérite héréditaire est généralement reconnu en Europe.

Pour distribuer nos moissons,
Et nos huiles et nos boissons,
Aux habitans reculés des deux mondes :
Bienfaisantes divinités
Que son génie' établit à Norouze
Pour abreuver tant de cités
Et leur communiquer nos superfluités,
Que plus d'un étranger jalouse;
En versant vos flots argentés
Vers les parages de Toulouse,
Comm' en arrosant les côtés
Où gît Narbonn' et Carcassonne,
Vous rejoignez les deux extrémités
Des flots de l'Aud' et ceux de la Garonne !!!
Clos dans une étroite prison
Ces flots recueillis aux montagnes
Qui limitent notr' horison
Par vos agréables compagnes,
Serpentant par inclinaison
A travers nos riches campagnes,
Dans une solide cloison,
Vont faire le tour des Espagnes
Et répandre les purs cristaux
De l'urne que verse Norouze
A l'Océan des Eskimaux
Ainsi qu'à la mer de Naplouse,
Sans redouter que des rivaux
Ou qu'une cabale jalouse
Trouble jamais le cristal de vos flots !....
Puissent un jour mes écrits fabuleux,
Bravant les siècles et les âges,
Imiter ce trajet util' et courageux,
Et dépasser de si lointaines plages.....

Puissent-ils comme vous un jour
 Aussi durables que vos ondes,
De la terre habité' aussi faire le tour
 Pour abreuver les sages des deux mondes !....
  Puisse cette fraternité,
  Ainsi que votr' utilité,
  Bravant les biles furibondes,
  Instruire la postérité
Des siècles qu'après nous nos enfans verront naître
Et servir de pilot' et de cod' et de maître
D'équerre, de leçon, de boussol' et de lois
  Aux simples bergers comm' aux rois !....
  Partis du même point du globe,
  Fourrés tous de la même robe,
Parcourez à jamais tous les mêmes chemins
Qu'éclaire le soleil du couchant jusqu'à l'aube
  Et visitez tour-à-tour les humains
  Des deux Indes jusqu'aux Germains !....
  Dès notr' enfanc' aiiant fait même bourse,
  En arrosant ma natale maison,
Sortis du même sol et de la même source,
Epurez dans ces lieux sur le même gazon,
Embrassant mêm' espac' et le mêm' horison
Qu'ils soient tous éternels comme l'est votre course
  Dieu, le Géni' et la Raison !....

PROLOGUE.

Ces fables qu'Hésiod' ou qu'Esop' inventa
    Et que nous légua la Grèce :
    Que le bon Socrate tenta
    D'orner des graces du Permèsse
Pour adoucir leur piquante rudèsse :
    Que plus tard Phèdre raconta
    Avec tant de sel, de finèsse
    D'atticism' et de politèsse :
    Je tent', à tort comm' à travèrs,
D'y coudr' une passabl' ou tolérable rime,
Assez bonne par fois, souvent peu légitime!
Même je fais passer nombre de mauvais vèrs
    A la faveur d'une bonne maxime!
    Après eux chez nous transplanté
    Dans un langag' inimitable,
  On vit fleurir ce fruit trop peu vanté,
    Soigné par la main charitable
D'un géni' aisé, franc, naïf, gaulois, aimable :
    Toujours vert, toujours en santé,
    Arbr' immortel inépuisable,
    Qu'avec tant d'heur et tant d'adrèsse

Le bon Lafontain' a chanté
Dans sa naïve gentillèsse:
Qu'après Lamoth' et Florían
Ont embelli de nouvelles richèsses,
Ont su nous rendr' encor ríant
En renouvelant ses prouèsses:
Abreuvé de bonn' heur' à leurs doctes leçons,
Sans posséder les piquantes carèsses
De leurs salutaires boissons
Ma bouche redira leurs sublimes chansons:
Sans avoir leur talent, leur bon sens, leur sagèsse,
Timid' et faible nourrisson
Je viens glaner à la mème moisson
Et partager leur droit d'aînèsse:
Sans posséder leurs agrémens, leurs grâces,
J'ose bien tenter à mon tour
De me guinder sur leurs échasses,
De marcher sur leurs pas, de les suivr' à la trace,
Des les produir' encor au jour,
Mème de m'asseoir à leur place
Et de prendre rang à leur cour !!!
Si j'ose bien continuer leur classe,
Lecteurs excusez mon audace:
Quelquefois le Faucon veut singer le Vautour,
Sans avoir son bec ni sa force.
Ah ! je me sens et me vois entrainé
Par un désir, un penchant effréné
Et par une secrèt' amorce,
A répandre le sel de mes doctes aînés;
A lancer leur traits francs, naïfs et déchainés,
Habillés sous la même écorce:
Ma main les embellit de vèrs
De mesur' inégal' et souvent mèm' impairs:

Né dans la langu' et gasconn' et *patoise*,
En les cousant, je ne me sèrs
Ni de compas, d'équerre, ni de toise,
Car ma muse rustiqu' et champètr' et bourgeoise,
N'eut jamais ni moules ni fèrs
Pour buriner la rim' ou français' ou gauloise,
Et ma lyr', encor peu courtoise,
Le plus souvent raisonne de travèrs
En chantant ses leçons en langue villageoise:
Ou triste pros' ou mauvais vèrs,
Mélant comm' eux l'util' à l'agréable,
Mon livr' est un miroir dont les yeux sont ouvèrts
Pour critiquer le moindr' objet blâmable:
Où chacun peut se voir à l'ombre d'un semblable;
Profiter aux leçons même des moindres vèrs
Et recueillir des fleurs mèm' au sein des hyvèrs!
Où les défauts impardonnables
Des Naturels méchans pervèrs,
Où les scélérats intraitables
Et des cœurs le droit, le revèrs,
Peuvent se mirer tous à l'ombre d'une fable,
Dépeints avec tous les travèrs
Dont l'erreur peut-être capable:
Si quelqu' esprit ou malin ou bizare,
Malade de cœur, de cerveau,
Par malice s'oppos', ou barre
La rout' à mon petit bateau:
Si sa critiqu' importun' et sévère
Tentait de ruiner, hélas, mes longs travaux
Par les torrens de son absynt' amère,
Qu'il sache que la fabl' en amusant éclaire
Et nous guide par ses flambeaux
Sous son écorce mensongère,

Et qu'elle durera beaucoup plus que ses os...'
Que cet espiègl' apprénn' à laisser couler l'eau
Comm' à purger sa bile passagère,
Quand le monde páién l'honor' et la révère,
Quand elle charm' et ravit le nouveau
Et que chacun chérit sa rob' et son manteau,
Qu'il guériss' au plutôt sa fièvr' et ses accès;
Qu'il essai' aussi de mieux faire,
Avant d'intenter un procès
Aux plantes comm' aux animaux,
(Que dans mes vers je fais chanter ou braire)
Aux brutes comm' aux végétaux
Que son orgueil voudrait bien faire taire
Qu'il règl' enfin sa voil' et son vaisseau
Sur leur instinct, plus haut souvent que son niveau,
Plutôt que d'absorber ma sueur mon salaire
Et la ravir au public qui l'espère...

Livre premier.

FABLE I.re

LE RENARD ET LES RAISINS.

Un Renard préssé par la faim,
Vît des raisins sur une treille,
Murs je croirais, d'une couleur vermeille,
Tantant notre jeûneur par le teint de leur grain :
Mais par malheur c'est bien envain
Que son appétit se réveille,
Il n'en put atteindr' un seul brin !
Courroux gratuit et vain délire !
C'est bien envain qu'il les désire,
Qu'il est tenté par leurs appas,
Pour les atteindr' il fut trop bas !
Très volontiers, je crois, le Sire
En aurait fait un bon repas :
Il les regard' et les admire :
Ils lui parraissent d'un bon gout :
Il va, revient, retourn' et saut' et se revire,
Mais malgré ses fair' et ses dire,
Il ne put en venir à bout !

Pour les attraper il fit tout :
Il s'élanc' et se guind' au pire
Sur ses pattes, sur ses genoux ;
Quoiqu'il fit, hélas, les cent coups,
Que de les mordr' il se défaille,
Il resta toujours au-dessous......
Ah ! dit-il, ce n'est rien qui vaille,
Et tout au plus c'est bon pour la canaille :
A dire vrai je suis un peu trop nain :
Mais..... Mais..... Si j'allongeais ma taille,
Si je tendais un peu ma main,
Aisément je prendrais la caille....
Allons, allons, je reviendrai demain....
Je sais assez d'autre mangeaille....
Pour le moment je n'ai pas faim !
En s'en allant mèm' il en raille :
Restez, restez encor là bien pendans,
Ce trop aigre verjus m'agacerait les dents....

1.

Nul ne voudrait montrer son faible à nu ;
Ni passer pour boiteux, bossu, borgne, cornu....

2.

Tel Monarqu' (ou tell' Amazone)
Quand il ne peut se voir assis,
Malgré ses éfforts, sur le trône,
Ni s'arrêter sur son glacis :
Quand cett' orgueilleuse personne
Ne peut porter ni sceptre, ni couronne,
Lors, elle dit dans son taudis ;
Que sa rente n'est pas trop bonne ;
Qu'on y cueille bien plus d'épines de soucis
Que de plaisirs ou d'agréables ris :

Qu'au faîte de cette colonne,
Au jardin de ce paradis,
Cupidon mèm' y devient monotone
Et que tel de son beaum' épris,
Trompé dans ses vœux, y moissonne
Plus de chardons que de roses, de lys....

3.

C'est d'un esprit prudent que de ne point se plaindre
De l'objet qu'il désir' et qu'il ne peut atteindre....

4.

Que m'importe, Renard, ton impuissant pouvoir,
Dès que ta volonté paraît répréhensible ?
Si ton cœur a péché déjà par le vouloir,
Ton crime secret est visible ;
Et tu n'es déjà que trop noir,
Quoiqu', ami, ton forfait ne te soit pas possible..!

5.

Tout délit visibl' apparent,
Est, sûr, le résultat d'un gèrme
Que notre cœur en soi couv' et renfèrme,
Et qui va toujours en croissant
Jusqu'à ce qu'il soit à son tèrme.

6.

Ce n'est pas par défaut, par manque de pouvoir,
Par la peur ou la crainte,
Qu'on doit remplir et faire son devoir,
Autrement la vertu n'est que fauss' et que feinte....

7.

L'unique désir de péchér
Est un mal réel, un grand crime,
Quoiqu'on puiss' aux yeux le cachér :

On s'engloutirait dans l'abîme
Si son défaut ne venait l'empéchér....

8.

Celui qui fait le tort, l'injure ,
Doit ètre réputé méchant ,
Comme celui de qui la pènt' impure
Dans son cœur en a le penchant.

9.

On peut bien quelquefois ètre mème coupable
Sans nuir' à son prochain par un acte blàmable ,
Mèm' en secret , en le cachant
Et sans en paraître capable ,
Quand dans le cœur on couv' un désir si méchant...

10.

Le crim' est achevé, commis
Dès qu'il est dans le cœur, ourdi, conçu, permis.!

11.

Le voleur, le larron, le sicair' assassin
Est déjà corrompu, malin, pervers, blàmable ,
Criminel et même coupable ,
Mèm' avant de souiller sa main...!

12.

Du cœur le venin, la malice,
Ne parait dehors à nos yeux
Que par le tort et par le préjudice ;
Mais auparavant, justes dieux,
Elle couvait dans d'autres lieux...:.
Et germait dans le champ de la noir' injustice....

13.

La volonté non l'act', est le miroir, le vèrre, |
Qui doit servir de boussol' et d'équèrre

Pour distingüer les méchans, les pèrvèrs,
  Des vrais enfans du maître du tonnèrre :
Et pour peser le prix, le poids des cœurs divèrs :
  Car les méchans, aux bons, sur cette tèrre,
Dans leur secret surnois et sans battre lès airs
  Font éternellement la guèrre....

14.

Un énnemi dangereux, déclaré,
N'est pas uniquement celui qui fait l'offense ;
Mais encor tout cerveau qui la projèt' ou pense
  Et qui de la fair' a juré
  Dans le secret de son intelligence..

15.

  La vestal' est incestúeuse,
Dès que brûlant d'une flamme honteuse
Ell' a conçu le coupable désir
D'en savourer le criminel plaisir.

16.

L'homme de bien se donnera de garde
  Non-seulement d'exécutér,
  Mais mêm' encor de projétér
  (Sans se masquer, sans qu'il se farde)
Ce qu'il n'oserait dir', ou hautement vantér
A l'oreille qui peut l'entendre et l'écoutér ;
Ou faire devant l'œil qui le voit, le regarde....

17.

  Tu prétends que ton am' est pure
  De toute mauvais' actíon,
Quand tu ne peux, fat, sans te fair' injure,
  Satisfaire ta passíon,
Ou manger une poir' encor qui n'est pas mûre ;
Quand ta bouch' en a bien la bonn' intentíon !

'Quand tu t'abstiens de comméttr' un parjure,
Parce que le chemin, la route n'est pas sûre,
Tu veux qu'on t'ait encor, donc obligation
De ta propre compassion !....

18.

Il n'est de bien dans les choses divèrses
Que tout autant que notre volonté,
En se guidant d'après l'honnèteté,
Est droit' intégr' et nos mœurs non pèrvèrses,
Et que le cœur est plein de pureté...

19.

Qui s'abstient de péchér par crainte
Ou bien par défaut de pouvoir,
N'aura qu'un' innocence feinte :
Ne remplíra qu'un faux devoir
Corrompu mêm' en son vouloir.

20.

Le bras, la bouch' et la main
Qui par défaut de pouvoir et de force,
Faute de viand' et de pain,
Jeûn' et ne peut rassasíér sa faim,
Du mérite n'a que l'écorce....
Car son fonds est vraiment fort stéril' et bien vain.

21.

On n'est jamais just', équitable,
Quand la chaîn' ou la cag' arrètant nos désirs
Empèche qu'on ne soit coupable,
En nous frustant de nos plaisirs,
Comm' en remorquant nos soupirs
Par un rempart insurmontable...

22.

De crim' on n'est pas innocent

Quand le désir impuissant
De notre volonté pèrvèrse,
Est arrété par un agent
Qui l'enchaîne, la brid', ou bien qu'il la renverse.

23..

Est-tu sobr', est-tu tempérant,
Quand la pauvreté, la disètte
Est l'unique, le seul garant
De ta pénitenc' imparfaìte
Comme de ta vertu secrète....

24.

On ne doit point réputer probe
De tout ver luisant la robe,
Quoiqu'il ne vous caus' aucun tort:
Mais seulement celui qui ne dérobe,
N'agace, ne pinc' et ne mord;
Et qui s'en abstiendrait quand bien-même le sort
Ou le Créateur du globe,
Ou le destin le rendrait le plus fort....

25.

Ne nous vante pas tant ta modération
Aussi suspecte qu'aprocriphe,
Si tu n'as qu'un' faible griffe
Et non la force d'un lion.

26.

Celui-là seul est exempt de tout crime,
Qui le pouvant, s'abstient d'en remplir la maxime...

27.

On n'est pas moins voleur sans vol et sans rapine
Quand le désir d'en être nous domine....
Ah! quel mérit' as-tu d'agir paisiblement,

Si tu manques de fièl, de bile ?
L'aiguill' aussi faute d'aimant
Resterait stabl' et toujours immobile...

28.

Si tu ne remplis ton devoir,
Ou ne t'abstiens de tout délit ou crime
Que par ton impuissanc' et faute de pouvoir,
Ta vertu n'est pas trop sublime...

29.

Un crime conduit à son tèrme
Dans le cœur eût plutôt son gèrme.
Quand il éclat' en dommages en torts,
Il ne fait que sortir alors
De la coque qui le renfèrme
En se produisant au-dehors...

30.

Te saurais-je donc gré, fou, de ta pénitence,
Quand tu jeûnes par forc' accablé d'indigence ? ? ?

31.

Ce n'est pas ce que la main touche
Qui souill' un criminel vainqueur :
C'est le venin que distille sa bouche,
C'est le pensér malin moqueur
De son esprit sombr' et farouche
Qui par ses canaux sort du cœur.
L'homm' est conçu dans le sein de sa mère
Avant de voir la lumière
Et de paraîtr' au jour comm' à l'extérieur....
Il en est de même du crime,
C'est la fleur ou le fruit d'une noire maxime....
Qui lui sert de racin' ainsi que de berceau

Et le plus souvent de tombeau....

32.

Qui ne peut maîtriser de la concupiscence
Les désirs ardens et les fœux,
Ne jouit pas d'un' intègr' innocence,
S'il en favorise les vœux ;
Mêm' en secret et sans null' apparence !

33.

Celui qui brûl' en soi d'une coupable flamme
En voiiant d'autrui la femme,
S'il n'est de ses désirs maitr' absolu vainqueur ,
Déjà coupabl' aiiant souillé son ame,
A commis l'adultèr' et le crim' en son cœur...
Il s'est déjà couvert de blâme
Par ce vœu détestabl' infâme
Couvant dans son intérieur....

34.

Aiguillonnés par d'infâmes plaisirs ,
Moins esclaves enfin, de leur devoir austère
Que des impudiques désirs ,
Résultat de la bonne chère ,
Ceux qui dabord n'en sont vainqueurs
Ont déjà commis l'adultère
Dans le secret de l'am' au profond de leurs cœurs !

35.

Il faut que des vertus et l'amour et l'attache
Nous préserve de toute tache....

36.

On ne doit point réputer innocens,
Non, ceux qui s'abstiennent du crime
Faute de bien pouvoir satisfaire leurs sens ,

Ou qu'à l'aspect d'un grand abîme
Qu'ils ne sauraient franchir de leurs pas impuissans...

37.

Cœur rongé, dévoré, brûlé d'ambition
Pour les trésors, la gloir' et la magnificence,
Qui peut te savoir gré de ta grand' abstinence
    Et de ta modération
    Quand la faibless' ou l'impuissance
    Te condamn' à la pénitence
    Comm' à l'humiliation.

38.

Eh, priserais-je donc tes fastüeux dédains
    Quand tes propos sont faux et vains?
Puis-je te savoir gré de ta grand' abstinence,
    Et de ta modération
Quand une véridiqu' et réell' impuissance
    Enchaîne ton ambition
Et te condam' à faire pénitence?

39.

L'homme prudent par un refus sait feindre,
Par faux dédain taxera de fœtu
    Ce que son bras ne peut atteindre
    Faute de forc' et de vertu....

40.

    L'homme prudent, habil' à feindre,
paraît braver le danger mèm' à craindre.

41.

    Un esprit orgueilleux méprise
    Ce qu'il ne peut prendr' à sa guise:
Si, pour l'atteindr' il a trop courte main,
En vrai Renard, il dit: je n'ai pas faim!

D'un coup d'œil seulement , comm' en passant, il frize

Les objets dont la vu' aiguise,

Provóqu', irrite , mais envain ,

Ses vifs désirs sa bil' et son venin ,

C'est ainsi que l'orgueil sous sa peau se déguise:

Comment faire quand on est nain ?

C'est bien ainsi que la sottise

De fort loin raille la maîtrise

Et le péché se montre si vilain ,

Dieu, les Anges, les Saints , les Martyrs et l'Eglise
Et la religíon et le culte divin....

42.

Au mond' il est force raisins

Soit éloignés comme voisins,

Suspendus à des hautes treilles,

Et de bien agréables vins :

Quand on ne peut franchir, grand dieu leurs magazins,

Ah , ni déboucher leurs bouteilles ,

Il est beaucoup d'autres Renards

Qui se régalent de........... regards!!!

43.

Quand on ne peut enfanter des mèrveilles

Dans les scíences, les beaux arts ,

(Qu'à nos vœux nos vertus hélas, ne sont pareilles)

Auprès de Bèllonn' et de Mars,

Ou bien dans tout' autre carrière ,

Comment dire, donc, comment faire

Pour franchir de trop hauts remparts ?

Pour conserver du public les égards

Il faut alors se contrefaire,

Avoir recours à d'autres dards....

C'est sous cette trompeus' amorce

Que se cacha toujours le grand manque de force ?

44.

Ceux qui distraits par de vains bruits,
Ne sauraient moissonner au pinde nulle rose,
Ni savourer leurs agréables fruits,
Disent à tout venant : ah, c'est bien peu de chose...
Ses vèrs ne valent pas la prose....
On les verrait bientôt détruits
Si l'on tentait d'y promenér la glose :
Ils ne méritent pas , non, vraiment qu'on en cause...
Après tout, ce n'est que du vent
Dit un docteur abondant en maximes,
Ils sont mème le plus souvent
Dépourvus de bon sens, de rimes
Et de bon goût mèm' ordinairement....
Admirez son étonnement !
Sa critique veut fair' un crime
Quand ils sont sans rimes nos vèrs,
Quand ell' admire les travèrs
De tant de rimes, fat, sans rhythm' et sans régime!

45.

Il est beaucoup d'autres zoïles,
Dont les discours bien trop frondeurs
Attaquant des gens plus habiles,
Vous les peindront comme des imbécilles
Quand eux-mèmes ne sont que d'ignorans grondeurs.

46.

Caffres affreux, misérables Lapons,
Maur', Africain, Arab' ou Nègre
Qui ne pouvez goûter nos raisins, nos chapons
Nos concombres et nos mélons
Dites que leurs liqueurs ne sont qu'un verjus aïgre ;

Et que notre volaill' est maigre.

47.

Lóiolit', apôtre lointain,
Qui tentas jadis, mais en vain,
De convertir au Christ la Chine,
Et les Indes et le Japon,
Quand leur maître te rompt l'échine
A grands coups de bâton....
Et que loin de ton bec il tire ce chapon,
Dis, tant que tu voudras, qu'ils ne sont que machine
Et des gens à bien triste mine....
Qu'ils n'ont pas de barb' au menton...

48.

Au mond' il est beaucoup de choses
Et de bien agréables doses,
Capables de tentér nos cœurs par leurs appas :
Pour l'un, un peu trop hauts; pour l'autr', un peu trop bas:
S'il n'était parmi nous des épines, des roses,
Si tous étaient égaux, elles n'y seraient pas!...
L'un les regard' et les voit bien écloses,
Pendant que l'autre en meuble ses repas;
Quand avec leur doux jus il devient gros et gras,
Et fécond en métamorphoses
Comm' un Renard se tir' aisément d'embarras....

49.

Les *critiqueurs*, féroces tracassiérs,
Taxeront d'ignorans, de vils écrivassiérs,
La main qui dévoile leurs crimes....
A tout venant diront que ses vèrs sont grossiérs;
Sans ordre ni cadenc'; enfin même sans rimes.

50.

On ne voit au-dehors paraîtr' aucun' erreur,

2

BIBLIOTHÈQUE ROYALE

Null' illégitim' entreprise ,
Qu'auparavant l'esprit et notre cœur
En péchant ne l'ait bien permise..

51.

On ne doit point réputer innocens
Ceux qui n'ont pu commettr' un crime,
Si, vils esclaves de leurs sens
Faute d'ongles, de griff', ou de nerfs et de lime
Tous leurs efforts se sont vus impuissans...

52.

Entre le cœur d'un homme mal pensant
Et celui d'un mésagissant ,
Il n'est qu'un point imperceptible :
L'un est déjà plein de venin ,
Et de l'autre le levain
Parait déjà corruptible ,
Infecté, gâté, mal sain...
L'un est secret caché; l'autre parait visible ,
L'un est faible ; l'autre puissant.
L'un est passé déjà par les pores du crible;
L'autre dans sa coque couvant
Est encor renfermé dans son œuf comm' un gèrme :
Et l'autr' est parvenu comm' un fruit à son tèrme !

53.

Or, l'impuissanc' et le faible pouvoir
Assurément sont un très-mauvais signe,
Et d'un homme de bien indigne,
Pour accomplir notre devoir :
Le pir' et le meilleur n'ont entr' eux qu'une ligne.

54.

Ah faux docteur, esprit farouche,
Ce n'est pas le Ciron, la Mouche

Qu'on avale, grand séducteur,
Qui souille ton am' et ton cœur,
C'est le venin que distille ta bouche
Qui tâche ton am' et ton corps
Quand tu le vomis au-dehors...

55.

Si tu veux conserver ta réputation
Et passer pour un homm' intègre,
Redresse de ton cœur repu de fiel tant aigre
Le moindr' effort et la moindr' action
Et jusqu'à son intention.

56.

Le mérite des actions
Gît dans la pureté de nos intentions.

FABLE II.

LA MONTAGNE ET LA SOURIS.

Cʜᴇᴢ les habitans des campagnes,
Jadis se répandit le bruit ,
Que la plus grande des montagnes
Allait accoucher d'un grand fruit ! !
Tous les curieux de miracles
Accoururent pour voir le plus grand des spectacles ;
De fort loin chacun s'y rendit
Pour considérer la merveille
Et cette chos' à null' autre pareille:
Mais savez-vous ce que l'on vit
Enfin , au fond de sa corbeille ?
Savez-vous ce qu'il en sortit ? ? ?
Une souris , une corneille ! ! !
Ignorez-vous comment finit
Ce prodig' et cette surprise ?
Une souris hors de son sein fut mise !
Dans leur courroux fort arrogant
Puis , le vent du nord et la bize
En tourbillons accumulant
Les nuages des ouragans ,
Dispersa bientôt sans remise
Cette foule de regardans....

1.

Pour faire durer   votre jeu
Ne [jetez pas dabord, crieur, un trop grand feu...

2.

Après de pompeuses promèsses
Qu'aisément chacun de nous boit,
Que trop facilement on croit,
On ne voit trop souvent que de fausses prouèsses
Sortir de tel ou tel grand toit.

3.

Voulez-vous avoir très-beau jeu,
Mèm' en vantant promettez peu.

4.

Celui qui vend de bonne marchandise
Ne va pas faire tant de cris.
Il ne craint aucunne surprise
Et ne redout' aucun mépris.

5.

Après des promèsses pompeuses ,
On ne voit trop souvent que des faveurs trompeuses.

6.

Pour bien donner promettez peu,
Et modérez votre grand feu...
Pour que le coffre ne s'épuise,
Que la largèsse ne vous nuise,
Soiiez modeste dans tout vœu ,
Ne déliez pas trop le nœud :
Il vaut bien mieux que l'excès vous détruise
Plutôt que l'indigenc', un jour, ne vous instruise.

7.

Après tant de clameurs et de cris intrépides,

Que s'ensuit-il? hélas, des vents, des riens, des vuides!.

8.

Faibl' auteur, qui dans chaque page
De tes vers impuissans, dans tes fades écrits,
A tout moment grondes comm' un orage,
Qui pousses tant et tant de cris
Pour accoucher d'un ridicul' ouvrage.
Que sort-il, donc, de ton grand bavardage?
Le plus souvent un rat ou bien quelque souris !
Après ce pompeux étalage,
Aux yeux de l'univers, trompeur tu ne produits
Que de fades leçons et d'insipides fruits.

9.

L'auteur qui consume sa pèíne
A fair' entendr', insensé, de grands cris,
Tarit les sources de sa vèíne
Avec ses sons rauques aigris.
Après avoir épuisé son haleine,
Ne saurait enfanter que de faibles souris ;
Produir' au-dehors les débris
De sa stueur futil' et vaìne
Ou se couvrir d'un risible mépris.

10.

Prodigu' avec peu de largèsse
Et ton trésor et ta richèsse :
Ami, consum' à petit feu,
Modérément avec sagèsse,
Si tu veux bien faire durer le jeu...

11.

Ah, trop souvent les carèsses flatteuses
Précédent des faveurs trompeuses!

12.

Quand une montagne mugit,
Sûr, elle couve des orages :
Lorsque quelque lion rugit
Son fier courroux médite des ravages
Ou projette de grands carnages...

13.

Plus d'un habile charlatan,
Plus d'un marchand d'orviétan,
Très-adroit à tromper la foule,
S'agite, se remu' et roule :
O merveill' il cria souvent !
Après beaucoup de pompeuses promesses,
Quelque bourrasque violent
Vient étourdir le public piaulant,
Dup' et victim' enfin de ses caresses
Qu'il habilla toujours honnètement;
Au lieu d'éclatantes prouesses,
Il n'en sort ordinairement
Qu'indignités et que bassesses
Et très-souvent, ciel, des scéleratesses!...

14.

Quand tu vantes si fort, géant,
Ton savoir, tes talens, ta force,
Je ne vois bientôt qu'un néant
Caché sous une fauss' écorce.

15.

Ah, l'on ne voit que trop de pompeuses caresses
Précéder des faveurs traitresses !

16.

Après tant de criailléries,
Charlatan parfait, il ne sort

Du beaum' et de l'onguent que tu vantes si fort ,
Que sarcasmes , que railleries ,
Et nos douleurs n'en sont toujours que plus aigries.

17.

Quand les fiers enfans de la tèrre ,
Enflés d'un courroux arrogant,
Menacèrent tous en grodant
De déclarer et de faire la guèrre,
Avec serment mèm' en jurant ,
Au puissant maître du tonnèrre ,
Il ne put sortir que du vent
De ce bállon de cristal et de vèrre...!
Le Dieu du Ciel par son souffle tonnant
Fit fondre leur boussol' ainsi que leur équèrre !
Et de l'effet , le ton fut un mauvais garant...

18.

La montagn' en travail poussant d'horribles cris ,
Tint jadis l'univers dans une grand' attente....
Quand elle mit au jour une vile souris ! ! !
Après une clameur tant et tant effraiiante.
Fiez vous donc grands et petits
A ce que tant on cri' , à ce que tant on vante :
On ne voit guèr , hélas, que des débris,
Et très-souvent des moqueries,
Succéder aux criailleries,
Et d'ordinair' on finit par des ris
Pour bien paiier notre bouche béante...
Et notre foi trop confíante...

19.

Ne Críez pas avec tant , tant de peine
Et modérez ces grands efforts ,
Si vous ne voulez point à la fin perdr' haleine ,

Comm' affaiblir de votre corps
Les subtils et faibles ressorts
Et mèm' épuiser votre veine...

20.

L'essence de tout' action,
Sa vertu, son beaum' et sa crème ,
Comme de la perfection
Le point culminant et suprême
Gît dans la modération...

21.

Grand dieu, combien de vèrs luisans
Dont les vernis faux, séduisans,
Sucent, rongent, comm' un vampire ,
Les malheureux trop complaisans
Que leur brillant éclat attire
Ou la dupe qui les admire :
Si crédul' à leurs cris bruiants
On approch' un peu trop leur souris attraiians :
Mais dès que vous croiiez compter sur un grand sire,
Ce grand chèn' ou plutôt ce faible roseau
Soudain se fond comme la cire ,
Et s'évapore comme l'eau.

22.

Ne comptez jamais sur les cris
Et de l'erreur et du mensonge
Quand ils auraient le plus beau coloris :
Pour peu qu'on presse cett' éponge ,
Il n'en sort que des débris
Et tout ce qu'ell' a tant promis
S'évanouit comme l'éclair d'un songe...

23.

Quand un géant plus haut qu'une montagne
(Dieu me garde pourtant d'en faire nul mépris).

Un hercul', un héros plus grand que Ch ——— gne,
   Nous promettrait, en jurant à grands cris,
D'enchaîner à son char l'A ——— et l'E ——— gne,
      La M ——— et l'A ——— gne,
     De les mettr' en poudr', en débris,
     En luttant en raze campagne;
     Ne vous fiez pas à ses dits
     Quand bien-mèm' ils seraient écrits
     S'il n'a les faveurs et les ris
     Du P ——— fe de la R ——— gne...
     Quand de Delphes le grand oracle
  Anciènnement avait prophétisé,
On avait beau lutter contr' un Dieu déguisé;
Achill' et sa valeur victime du miracle,
Tout vainqueur, sans aller, Ciel, mèm' à reculons,
     Sans rencontrer aucun obstacle,
    Etait blessé sûrement aux talons,
    Et la victoir' aux abois en débacle,
     Comme les torrens des valons,
    S'évaporait malgré tous les galons.

24.

   Vous avez beau subtil boulversateur,
    Nous vanter fort votr' esprit de prophète
Et du ciel usurper le titre d'interprète;
On connait aisément un fièr déclamateur
   Malgré les cris de ta haute trompètte
Devenir à la fin véridiqu' imposteur:
     Au lieù de cent vertus secrèttes
     Que promettait tant ce trompeur,
     Il ne reste que des sornèttes
Dont le grand bruit semblabl' à la vapeur,
     S'évapor' avec ses clameurs
     Comme le son de ses sonnèttes...

FABLE III.

LE CERF ET LE FAN.

Un Fân jeun', encor' inhabile,
Des plus naïfs et des plus francs,
Dans son entretièn puérile,
Digne de l'écol' et des bancs,
A son pèr' un jour dit : pourquoi, comment, bazile,
Se fait-il qu'étant bien plus grand,
Doué de cornes, plus agile
Que les chiens, mon pèr', en courant,
Beaucoup plus lest' et plus rapide,
Que tu fuis en les regardant ?
Pourquoi donc est-tu si timide
A leur aspect, en les voiiant,
Quand après nous ils s'en vont aboiiant ?
Celui-ci se mettant à rire,
Lui dit : tu dis bien vrai mon fils ;
J'ignor' encor si c'est délyre,
Bon-sens, raison, ou dédain, ou mépris,
Ou craint', ou peur de nous voir tous confits ;
Mais un penchant secrèt m'inspire,
Pour mon avantag' et mon bièn,
De m'enfuir vît' à l'aboîment d'un chièn.
De texpliquer comment ils tiènnent cet empire
Sur notre rac', ah, je ne ten dis rièn !...

Ce n'est pas une chos', enfant, aisé' à dire !..

1.

L'agrément, la beauté,
N'est souvent qu'un' écorce,
Qui nous cache la lacheté.
    Et le manque de force
De tell' ou telle majesté ;
Soit Bich', ou Cerf par les yeux trop vanté..

2.

Des Cerfs, des Pans, les plus beaux ornemens,
Non, ne sont pas toujours d'assez bonnes écorces
Pour garantir leurs corps, des peines des tourmens ,
    Des bléssures et des entorses...
    Dont les menacent les forces
Des scélérats , des pervers garnemens
    Ou de quelques chièns écumans !....

3.

Tel est entouré de sujets ,
    Est presqu' adoré comm' un sire,
Qui fut souvent rangé parmi d'autres valets ,
    Et quelquefois même bien pire,
Par le roi souverain d'un bien plus grand empire!

4.

Tell' importante majesté,
    Monarqu' ou despote sublime ,
Des Dieux presque légal, leur ami mèm' intime,
Ne saurait s'empécher de sé voir molesté
    Ou précipité dans l'abîme
    Par d'aboiians d'un état plus infime;
Quand il commenderait mèm' à tout l'univèrs,
    Il ressent la douleur chagrine

De se voir hardiment insulter par des vèrs
    Aiguillonnés par l'avide famine
    Ou par la rag' enfin qui les domine;
        Et malgré ses trésors divèrs
        Il succomb' à cette vermine !
    Car les roseaux comme les chènes vèrts,
Au-dessus d'eux ont tous une verge divine,
Devant laquell' il faut faire douce farine
Si l'on ne veut se voir accablé de revèrs
      Ou descendre dans les enfèrs...

5.

A nos yeux importans par leur brillant éclat,
Il est plus d'un galon et plus d'une poupée,
      Dans un sanglant jour de combat,
      Parmi les morts dans la mélée,
      Dont la bravoure reculée,
      Malgré leurs séduisans appas,
Se retir' en arrièr' et fort loin du trépas ;
    Gens courageux de la basse volée..
Eh, que font-ils donc là ? pour fuir d'utiles pas !..

6.

Malgré les agrémens et leur pompeuse suite,
    Tel Adonis à l'aspect du dangér
      Part soudain, son pié prend la fuite
Dès qu'il prévoit qu'on cherch' à le mangér.

7.

Très-souvent un *Narciss'*, un *Adonis* recule
Dans les jeux d'*Appollon*, de *Bellonn'* et de *Mars*,
Et n'est pas le premier à franchir leurs remparts
Quand dans ceux de *Bacchus* il est un fort hercule,
Même de *Cupidon* le rival et l'émule!..

8.

Les agrémens de l'esprit et du corps
Conviennent moins à l'homme qu'à la femme ;
Mais dans son cœur les courageux efforts
Doivent briller plus que ceux d'une dame...

9.

Les roses ou le miel dont le goût et l'odeur
Flattent si fort les yeux, l'odorat et la bouche,
Je les prise bien moins que l'utile vigueur
    Du jus divin merveilleux de la souche
    Qui réjouit et l'esprit et le cœur
    De l'intrépid' et modeste buveur ;
Du pöèt' et du chantr' aussi cette liqueur
    Egai' encor et ranime la touche..!
Au Théâtr', à l'Eglis', au Banquet comm' au Chœur,
    De maint frèr' et de mainte sœur,
    De maint cousin, de maint' et de mainte mouche,
    Par son agréable saveur,
Elle fait le plaisir, le charm' et les délices,
    Et même dans les saints offices
    De tout pontif' ou sacrificateur.

10.

Grand, sublime, profond et fameux philosophe,
    Toujours prêt à vanter ton toi,
Ta personne, ton rang, ton êtr' et ton étoffe,
    Daigne nous expliquer la loi
    Qui guide le cœur et la tête
    De l'homme comme de la bête
Pour conserver et défendre son moi,
Quoiqu'elle soit sans raison et sans foi?.
    Malgré ton sálpètr' et tes mines,
    Les bombes et le feu grégeois

Et la destruction des forèts et des bois,
Pourquoi les races donc conservent leurs machines
Et les bêtes sont assez fines
Pour garder tous leurs droits
En bravant de prétendus rois..?

11.

Dans nous l'instinct et la nature
Opèrent en secret: cherchér
Pourquoi, comment, avec quelle mesure
On peut faillir on peut péchér;
On ne saurait quand mèm' on ne peut le cachér,
Le secret est la rout' et meilleur' et plus sûre
Il agit sûr sans nous fachér:
Pourquoi, comment? on ne saurait le dire:
Et l'indigent comme le síre;
Le maître, le docteur, le juge, le bourreau;
Le despote comme le sbire;
Le plus débil' et le plus fort cerveau
Mème quand chacun les admire
Vont se noiier souvent dans la moindr' eau!..

12.

Anatomist' Argus, savant dans tout ouvrage,
Veuille nous expliquer pourquoi
Tel a le cœur plein de courage,
Comme des animaux le roi?..
Et l'autre la peur en partage
Qui le forc' à devenir sage,
Comm' un lièvr' en son gîte coi?
D'où vient la colèr' et la rage,
Les composés, le tout dont est fait chaque moi?
D'où vient le talent, la scíence,
La hardíèss' ou bien la méfiance?

Pour débrouiller cette confuse loi,
  Je te regard' en patience :
Mêm' un ân' est bien sûr, aussi savant que toi !!

13.

  Tel corps malgré sa riche taille
N'est pas le plus à craindr' en un jour de bataille :
  Malgré sa beauté, ses attraits,
  Il ne vaut pas tout ce qu'on croit qu'il vaille
Pour rompr' et pour briser les piques et les traits.

14.

Parmi tant de grands dons que la nature sage
  Prodigue avec tant de bonté
Jusques dans le plus vil, le plus petit ouvrage,
  Aux agrémens de la beauté,
Nous devons préférer toujours un grand courage,
  Aux grands talens les bonnes mœurs ;
Et sans cesse donner la palm' et l'avantage
  Aux bonnes qualités des cœurs,
De préférenc', aux dons du plus charmant visage,
  Sans oublier ceux du cerveau...
On doit quelques égards au maître d'un vaisseau...
  Mais quand l'orag' et la tempête
Menacent d'engloutir l'équipage sous l'eau,
Donnons la palm' alors à la main, à la tête,
  Qui du gouvernail tient le faîte,
Et qui peut aisément nous perdr' et nous sauvér
  Ou d'un écueil nous préservér.

15.

  Si ta cervell' est sain' et sage,
  Garde-toi bien de méprisér
Le précieux, l'estimabl' avantage

[33]

Qui peut te sauver du naufrage
Et de l'écueil où tu peux te brisér.

16.

L'instinct qu'inspire la nature
Chez le moindre des animaux ;
Leur tient lieu d'oracl' et d'augure
Et leur sert de boussol' en voguant sur les eaux ;
Et de Pilot' en peu de mots
Au jour sinistr' en temps d'orage,
Pour les préserver du naufrage...

FABLE IV.

LA COLOMBE ET LA CORNEILLE.

Une Colomb' à loisir engraissée
   Par la complaisanc' empressée
   D'un maîtr' habil' et généreux ,
   Dans ce charmant gîte placée,
   Des mains qui lavaient ramassée
   Louangeait les soins doucereux
   Qui lui filaient des jours heureux
   Parmi l'abondanc' entassée :
   Avec orgueil et vanité ,
   Elle prônait à chaque oreille
   Son extrème fécondité ,
   A l'en croir' égal' à l'abeille ! !
   Ah , cèsse de t'enorgueillir
   De tes faveurs, dit la Corneille :
'Tout bien pesé, non, je n'en vois jaillir
   Nul prodig', aucune merveille :
   Plus tu t'épuises à nourrir
   Une ligné' à toi pareille,
Et plus aussi ton maîtr' en fait pourrir !
   Plus tu produits, plus on ravage !
   Plus il en naît, plus il en fait périr !
   Plus nombreux (tu dois le sentir)
Sont tes enfans, plus grand est le carnage

Plus amèr est le repentir
    Qui vient flétrir ton beau visage
Et te plonger dans un triste veuvage ;
    Combien tu dois en recueillir
A tout moment en les voïant faillir !

1.

Combien de gens prenant l'épine pour la rose,
Nous vantent pour du miel l'absynthe de leur dose !

2.

Que nous importe, donc, cette fécondité
    Que la faveur d'une divinité,
    Pour ton malheur, fat, t'accord' et te donne ;
    Si la triste mortalité
Impitoïablement la cueill' et la moissonne
Et vient couvrir d'un crêp' et de deuil ta personne ?

3.

    Toujours la bonne qualité,
    Malgré l'orgüeil et la critique
    Mêm' en sa médiocrité
    L'emportera sûr sans réplique
    Sur la féconde quantité.

4.

Une fortun' honnèt', Argus, quoique modiquë ;
    Ferme dans sa stabilité,
    Procure plus d'utilité
    Qu'une fortune l'unatiquë.

5.

Gardez-vous bien de vous enorgueillir
    Vous tous mortels sensés et sages,
D'un court bonheur toujours prompt à faillir,
    De ces prétendus avantages

Qui ne vous ont fait recueillir
Dans vos laborieux ouvrages
Que l'amertum' et le fiel et ses gages:
Du germe qui les fait jaillir
Sachez distinguer les présages...

6.

Heureux et gras, mais sot mouton ;
Qui vis sous la férul' et sous le dur bâton
D'un complaisant et benin maître,
(Tu nous le dis il peut bien l'être,
Je n'ai pas trop de foi, grand Dieu , pour ce dit-on)
Apprends de grac' à te connaître...
S'il engraisse ta barb' et ton triple menton
C'est pour en être le glouton !....
S'il violent' ami son avarice ,
S'il te rend si gras, si fécond ,
C'est pour son avantag' et pour ton préjudice ! !
C'est parce que sa main te tond,
Que ta bouche travaill' enfin pour son service
Et qu'il mange tes œufs quand ta femèlle pond ! !
Va, son savoir est trop profond,
Fat, pour se déniér justice,
Pour semer sans profit, gratis, sans nul office,
Chez les autres et dans leur fond
Et dans un térroir *impropice* !

7.

Combien de becs plongés dans un rich' esclavage,
Quoique postés dans le plus haut étage,
Tous les jours fânent leurs couleurs
Pour la main qui les tient en cage,
Ou ne glânent que des douleurs,
De fiel , d'amertum' et de pleurs

Pour le profit de son ménage !
Loin de connaître leurs malheurs
Ils osent se flatter de leurs faux avantages
Et s'estiment encor bien sages ! !

8.

Quimport' au mond' effrénés polygames,
Trop glorieux, trop féroces sultans,
Nageant dans des plaisirs infâmes,
Que votre lux' engendre tant d'enfans ?
Plus barbares encor que la tartare horde
Sans pitié pour ces innocens,
Votre cœur sourd à la miséricorde,
Les fait périr soudain par le glaiv' ou la corde'
Etrangers au sang, au pardon
Votr' intérêt en fait un coupabl' abandon ;
Leur livr' une guerre sanglante,
Les immolant tantôt par le bâton,
Dans les Bazards en les mettant en vente,
Tantôt par le lacet, la hach' et le cordon :
Tantôt eunuquisant leur jeuness' impuissante,
Vous en faites, grands Dieux, une stérile plante
Etouffé' à son tour par un mauvais chardon,
Par une ronc', une épine méchante.
Toujours prêt à porter dommage ;
Jamais fatigué, jamais soûl
D'accrocher les gens au passage..
Victime de votre démence,
Mal pour mal, enragé pour fou,
Je préfér' encor le C..cou
Avec son unique semence
Ou quelque sté.... matou
Que nourrit la frugale table,

Qui sait de son pareil, de son sang, ou semblable
    Respecter la tèt' et le cou...
  Si d'engendrer son corps est in...able,
    Son cœur de rag', au moins, n'est pas si soûl :
Et sa politiqu' est, grand Dieu, bien plus traitable !

9.

    L'exubrite fécondité
      Qu'un loup vautour dévor' et ronge,
Dans son insatiabl' et grand' avidité,
      En tout est pareill' à l'éponge
      Que presse la vénalité.
Les trésors qu'engloutit cette rapacité
      S'évanouissent comm' un songe,
    Comm' un rèv' et comm' un mensonge.

10.

L'état le plus fécond, le meilleur, le plus beau,
  Entre les mains d'un financier avide,
      Est comm' un cribl' et le tonneau
      De la cruelle Danáide,
      Souillant d'un attentat nouveau
  Et son amour et son lit gamicide (1)
      Par son sanguinaire couteau :
  Pour châtier son forfait si perfide :
      Plus elle puise de l'eau,
Et plus sa cuv' aussi comme son trou rapide
  Dissip' et boit son travail intrépide
  En épuisant sa sueur et son seau
    Pour rendre sa pein' inutile

---

(1) Conjugicide.

Et son travail nul et futile..

11.

C'est bien en vain qu'un prodige vengeur,
A tout moment fait renaître sans cèsse,
Les entrailles, le foi' et le sang et le cœur,
Pour qu'un avide bec bourreau dévorateur
  Et s'en nourriss' et s'en repaisse :
Si le vautour implacable rongeur,
  Dans sa voracité s'emprèsse
  De moissonner cette vigueur
  Que la puissance vengerèsse
  D'un Dieu jug' et bourreau moqueur,
  Tant acharné sur sa victime,
Lui livre sans pitié de son corp tout le flanc
  Pour qu'il s'abreuve de son sang
Sur le caucas' et sur sa haute cime,
Pour avoir derrobé les droits de son haut rang !!
  Toujours acharné sur sa proie,
  Il fait renaîtr' en vain son foie :
  Mais hélas toute sa labeur,
  Dévorant sa gaîté, sa joie,
  Est vain' ainsi que sa sueur !
L'impitoiiabl' oiseau dévore ses entrailles
  Et les déchir' avec ses deux tenailles
  Malgré ses cris et sa douleur !
  Victime de sa propr' adrèsse,
  Le kers-vautour pour son malheur
  Ah! s'en regal' et s'en engraisse !
  Sa griffe funest' et fatale
Tout' attaché' à ces savoureux plats,
Avec plaisir les gob' et les avale :
Pour tout au mond' il n'en sortirait pas..

12.

L'homme prudent , discret et sage ,
Compte pour peu la prodigalité :
Dans tout travail et dans le moindr' ouvrage
Il préfère toujours la bonne qualité
A toute superfluité...

13.

Que m'importe tant de conquètes,
Acquises au péril de tant d'illustres tètes,
Si nous ne savons les garder ?
Si nos éfforts sont vains , donc, pour les préservér
Des orages et des tempètes
Qui vont soudain les moissonnér
Et dans le néant les plongér
Sitôt que nous les avons faìtes?
Ne faisons pas , donc, retentir si haut
Les pénibles faveurs que nous vend la victoire ,
Quànd nous les paiions comm' il faut,
Et que les laurièrs de la gloire
Sont brûlés ou gelés , soudain presqu' aussitôt
Et qu'il ne reste d'eux que la seule mémoire...

14.

Qu'amèrement je plains ton travail et ta peìne ,
Comme les fruits digérés par ta veìne
Peupl' habitant de la sage Memphis ,
De l'opulente Babylonne ,
De la riche Persépolis.
Carthag' et Tyr, rúines de Narbonne ,
Thèbes , Conrinth' et Palmyr' au désert ,
Mon œil cherch' en vain ta couronne !
Dans ce beau sol par de ronces couvert ! !

Tant de monumens agréables,
Que je croiiais plus que l'airain durables,
Tant de magnificenc' hélas, grand Dieu, se perd
Dans la poussièr' et dans des tas de sables!!
Tant de bâtimens mémorables
Qu'avec orgueil l'œil jadis admirait,
Qu'avec plaisir on contemplait
Quand l'univers vous crût ineffaçables
Vous êtes devenus des ombres impalpables!!

15.

Que m'importe ton grand tonneau,
Donc sanguinaire Danáide,
Quand au fur' et mesure l'eau
S'écoule par le trou perfide:
Que de ta seule pein' il est toujours avide.

●●●●●●●●●●●●●●●●●●●●●●●●●●●●●●● ●●●●●●●

FABLE V.

———

LA POULE ET LES OEUFS DU SERPENT.

Sur son passag' une Poule trouva
    Jadis les œufs d'une Vipère ;
Et l'insensé' aussitôt les couva,
    Diligemment les échauffa,
Comme si la foll' eût, de le rac' étrangère,
    Eté la nourric' et la mère ! !
    Un' Hyrondell' en la voiiant
    Lui dit aussitôt en criant :
    Ah ! Margot vous n'y songez guère,
    Que je plains votr' égarement :
Bien rarement un tel travail prospère :
Un tel servic' est fatal d'ordinaire,
Quand on agit un peu légérement,
    A la main même qui l'opère !
Vous agissez là fort imprudemment
    Je vous assur' en les couvant :
Le repentir suivra la bienveillance
    Désormais et d'orénavant :
    Je vous en donne pour garant,
Bonne Margot, la mur' expérience :
    Dès que cette mauvais' engeance,
    Amadoué' à votre cour,

Par vos soins aura pris croissance,
Que les petits auront reçu le jour,
D'ingratitud' ils paîront votr' amour ~
   Et vos soins et votr' imprudence !
   Ils commenceront à piquér
La main qui prit grand soin de les bien pratiquér :
   Ne comptez point sur leur reconnaissance,
   Ils tenteront de maltraitér
Le sein qui prit grand soin de les bien allaitér ! ! !

1.

Si vous allez couver et rechauffer le germe
   Qu'au fond de sa coque renferme
D'une Vipèr' ou d'un Scorpion (1) l'œuf,
   Voulez-vous qu'il en sort' un Bœuf,
Quand par vos soins il arriv' à son terme ? ?

2.

   Si vous caressez le malin
     Ou quelqu'autre vile bète,
Il vous paîra sûr avec son venin
Et le fera rejaillir sur la tète
De celui qui lui tend par charité la main !
   En cultivant ce champ stéril' et vain
On ne peut moissonner qu'une telle conquète.

3.

   Ah ! soiiez-lui favorabl' et propice,
Il lancera sur vous les bons de sa malice,
Et fera rejaillir le bienfait souverain
   Que lui prodigua votre main
En le convertissant en un vil préjudice :
La vertu dans son champ soudain se chang' en vice!
   L'or le plus pur en argent, en airain :

(1) Tout reptile vénimeux.

La meilleur' herb' ou plant' y corrompra son grain...
Par mal'encontr' il faut , que dans ce précipice
    La meilleure grain' y périsse!
    Et par un malheureux destin
    Le bien mèm' y trouve sa fin !
    Que le meilleur germ' y croupisse
Sans porter aucun fruit, et qu'en ce tombeau vain
    S'y consum' envain, s'y pourrisse ,
    Et sans prospérer y périsse..

4.

    Insensé laboureur qui soignes les épines ,
    Les ronces et les chardons ,
    Les panicauts et les buissons ,
Tu ne dois espérer que d'amères rapines
    De leurs piquans et rudes aiguillons ,
Eh , quel tribut peut donc parfumer tes narrines
    En flairant ces rudes hermines ?
    Soigne plutôt les roses et les lys
Dont l'agréabl' odeur et le brillant pourpris
Soit au nez , à la main , dans le sein , à la bouche,
Attirent les regards , arrachent des souris ;
Mèm' au cœur le plus dur , comm' à l'esprit farouche
Dès que son œil les voit, dès que sa main les touche
Elles vont embéllir le sein mèm' à Cypris,
Comme parer le front de Cupidon son fils.
Quel fruit espères-tu de ta futile peine ,
Et quel feu peut jaillir d'une semblable veine ?

5.

    Buse , donc , insensé garçon ,
Retiens bien à jamais cette bonne leçon
Que n'a point promulgué la cabal' ou la brigue ,
    L'esprit d'erreur, de vertig' et d'intrigue,

Mais qu'un docteur jadis à ses chers nourrissons
    Leur débitait dans sa vertu prodigue :
« On ne cueille jamais sur la ronce, la figue,
» Non plus que des raisins, sur les rudes buissons,
      » Ni des poires sur les chardons ;
    » C'est d'un bon arbr' enfin que la fatigue,
      » Retire les bonnes boissons
» Comme du bon terrein les fertiles moissons :
» Discernons du caillou l'or, l'argent et le marbre
» De ce que nous semons, ce que nous ramassons :
» C'est au fruit qu'on connait l'excellence de l'arbre ».

6.

La langue ne produit à nos yeux au-dehors
    Et de notre propre fonds même,
  Que le venin qui ronge notre corps,
    Ou le beaum' et la bonne crème
Qui fait fleurir cette bonté suprème
Dans le bon fonds des précieux ressorts..

7.

La meilleure liqueur, le plus excellent germe
Ne peut se conserver sain et sauf en santé,
Dès que le vas' ou champ, qui le renferme
    Est corrompu, pourri, gâté,
Ou d'un levain mauvais, dangereux, infecté !..

8.

Sel affadi, fourbe dépositaire
    D'une moral' intègr', austère,
    Hypocrit', ignorant docteur
Qui t'es saisi des clefs de la science,
Qui la corromps par inexpérience
Pour nous vanter le mensong' et l'erreur!
    Soit de gré, soit par ignorance,

Ton savoir n'est qu'un séducteur ;
Un champ fertil', il est vrai , mais trompeur ;
Qui corrompt l'excellent' et la bonne semence !
T'aiiant remis le vrai , le bon grain ; grand menteur ,
Tu rends le faux à son maîtr' imposteur ;
Hypocrite pour récompense ,
Pour le paiier de cette confiance ·
Que sa bonté te prodigua
Et que ton cœur jamais ne mérita.

9.

Jadis le Christ grava sur l'airain , sur le marbre
Et dans les cœurs par sa doctrin' instruits ,
Qu'on ne peut cueillir de bons fruits ;
Toujours , que sur un très-bon arbre..
Et qu'un bon arbr' engendr' aussi de très-bons fruits
Lorsqu'il est bien soigné par des doigts bien instruits !.

10.

Consumer son travail , sa sueur et sa peine ,
Comme du temps l'utilité
A cultiver l'ingrat domaine
Et le stérile champ de la perversité :
Vous ne moissonnerez que chardons et qu'épines
Si vous allez fouiller dans de semblables mines.

11.

Vous tous qui prodiguez vos soins
A des Serpens pressés par des besoins :
Vous tous qui tenez lieu, de Dieu ; d'Ang' et de père
A la race méchant' au naturel vipère ,
N'oubliez pas vos intérêts du moins
Dans les dangers chez la gent meurtrière ;
Et considérez ces deux points
Gravés dans votr' esprit , ou devant ; ou derrière

Qu'ici pour vous exprès je joins.
Qu'un service n'est salutaire,
A parler franchement selon la vérité,
Qu'autant qu'il est semé dans une bonne terre!
Que la meilleure charité
Ne fructifi' et ne prospère
Jamais dans le terrein de la perversité,
Non plus qu'en un cœur gâté..

12.

Quand vous seriez un géant
Et que vous auriez son cœur, son bras, sa tête,
Si vous allez semer dans le champ du néant
Et cultiver l'esprit d'une mauvaise bête,
Ou fienter le pié d'un arbre malfaisant,
Pouvez-vous donc faire d'autre conquête,
Grand insensé, fol m'écréant,
Qu'un faux bouquet pour votre fête.
Si vous ne semez que du vent,
Vous ne moissonnerez aussi que la tempête
Et de l'orag' enfin le dur désagrément...

13.

J'ai beau le dir' envain vous le repète,
Dans ses premiers essais
Du bon Esop' une faible trompette
Et son impuissant interprète :
Les caresses et les bienfaits
Prodigués à la malveillance
Aux scélérats, à l'exécrabl' engence,
Aux pervers, aux mauvais sujets,
Aux mauvais cœurs pleins de malice,
Comme l'offrand' et les souhaits
Faits à des Dieux sourds et muets,

Ne produisent jamais aucun retour propice..
Leur morsure suit le service..

14.

Egouter l'Océan avec un clair paniér ,
Faire baisser les yeux à l'altière poissarde :
Prétendre convertir un j..f , un bon meûniér
Ou faire rançonner un riche financiér ,
Et vouloir faire tair' une femme criarde ,
Capable d'affronter les dragons , les passans :
  A la plus perfide malice
  Rendre quelqu' important service :
  A l'idol' offrir de l'encens :
Flatter et carésser les féroces tyrans,
Ou prétendre de j...s retirer votre bourse ,
Ou faire remonter un fleuve vers sa source :
  Ce sont tous de grands contre-sens
Auxquels aucun docteur ne fournit de ressource
  Ni des beaumes assez puissans..
C'est vouloir arréter le soleil dans sa course!.
  On y perd la pein' et le temps,
On y laisse toujours les ongles et les dents..

15.

Semer des diamans les plus chers, les plus beaux ,
  Ou quelque précieuse graine :
Ouvrir d'un beau métal un filon , quelque veine :
  Jeter des perles , des joiiaux ,
  Devant les chiens ou les pourceaux :
  Contre l'autan opposer son haleine :
  Remplir d'eau de percés tonneaux :
Quand le soleil nous luit allumer des flambeaux,
Vous y perdrez le temps , le travail et la peine !.

16.

Si vous ne cultivez que ronces, que buissons,
Pourrez-vous recueillir des raisins, des moissons ?

17.

Fol insensé, quand tu couves un œuf,
Voudrais-tu bien qu'il en sortit un bœuf ?

18.

Que voulez-vous tirer donc, insensé, d'un sac,
D'un coffr' ou bien d'un almanach,
Comme d'un œuf, ou d'un grain, ou d'un germe,
Que le moul' imparfait que sa coque renferme !

19.

Le naturel n'est pas comm' un bon sac,
On n'en détourne point et le tic et le tac
Pour le guider comm' on veut à son terme :
Chez lui la natur' est plus ferme.

20.

Que voulez-vous sortir d'un sac,
Comme d'un futil' almanach ;
Parbleu, sinon la marchandise
Que dans son long ventr' on a mise ?

FABLE VI.

LA GRENOUILLE ET LE LION.

Un jour le roi des animaux,
Lion à terrible crinière,
Cheminant sur le bord des eaux
Qu'habitait la gent grenouillére,
Près d'un étang plein de rosaux,
Peuplé par cette fourmillière,
Sur le gazon fleuri, qu'ombrageait d'arbrisseaux,
Tranquíllement couché dans ce gît' agréable,
    Comm' un héros après ses grands travaux,
Nonchalamment bercé dans son Calm' inéffable,
Y goûtait à loisir un paisible repos
Et respirait en paix le frais par ses naseaux.....
Quand tout-à-coup un cri rauqu', aigr' et formidable,
    Interrompant ce charme délectable,
    Vint étourdir son intrépidité,
        Distrair' un instant sa fierté
        Et son courag' épouvantable
        En troublant sa tranquíllité.....
        Fixant les yeux de toutes parts,
        Il attendait que quelque proie
        Vint à la fin mériter ses regards
        Et qu'il l'honorat de sa joie.....

Pendant qu'il espérait en vain ;
Qu'il épiait tout chemin , toute voie ,
Une grenouille sort soudain
De son marécageux repaire ;
A sa barb', à son nez et presque sous sa main ,
Osa bien insulter la Majesté si fière
D'un monarque si puissant ,
En sautant et le caréssant
Par sa musiqu' importun' et grossière :
De la sort' à bout le poussant
Avec sa voix rauqu' et puissant' à braire....
Indigné , le Sir' en toussant ,
Par son souffle la terrassant ,
Vous mit à mort la téméraire !
Puis, en partant, il dit au peuple grenouillois :
Qui ne peut que de son , de chant, d'air et de voix ,
Ah, Ah... Ah, Ah..., grand dieu , qu'il se modère !
Vos cris ne m'épouvantent guère....

1.

Épouvantabl' et terrible leçon
Pour l'indiscrèt' impolitèsse
D'un flatteur importun , insolent échanson :
Pour tout ver né dans la bassèsse ;
Osant se mettr' à l'unisson ,
S'il n'est que valet ou garçon ,
Avec quelque haute grandèsse :
Pour tout imprudent fanfaron
Qui dans sa témérair' et sotte maladrèsse ;
Quand il n'est que Marquis , Comte , Duc ou Baron
Os' avoir bien la hardièsse
D'insulter mèm' en fac' une sublim' Altèsse
Par quelqu' importune chanson ,
Avec son aigre voix et par un rauque son....

2.

Petit courage, petit feu :
Si tu ne veux gâter de la fête le jeu.

3.

Ah , misérabl’ et vil insecte,
Gros tout au plus comm’ un très-petit œuf !
Si tu ne veux périr , fat, dans ta coqu’ infecte
Conserve des égards, ador’, au moins respecte,
Un fièr lion ou quelque puissant bœuf !.
Des géans de ta taill’, en mesure directe
Il en vaut bien au moins cinq à six cents fois neuf !.

4.

Petit corps, petit cœur, mais extrèm’ en tout vœu,
Si tu veux conserver un peu
Ta petite chaleur dans ta fragil’ étuve,
Modère la vapeur et le gaz et le feu
Trop effervescens dans ta cuve,
Et n’approche jamais les bords, le sol, le lieu
Du Mont-Ethna, du terrible Vésuve,
Sans respecter leur char , leur rou’ et leur essieu
Qui peut sans pein’ écraser ta pantouffle..
Sache garder donc un juste milieu
Parlant à quelque Roi, Seigneur , Maîtr’, Ang’ ou Dieu
Qui peut te mettr’ en poudr’ en toussant par son souffle!

5.

Petit corps, petits chants ; petit cœur petits cris :
Si non, de par les grands gare de prompts débris.

6.

Petit sac, petite besace,
Peu de front, encor moins d’audace.

7.

Petit vermisseau, petit bruit,
Si tu ne veux, en poudr' être bientôt détruit.

8.

Gens de basse condition,
Robes de vil' extraction,
N'aiiez jamais l'imbécill' imprudence
D'irriter la moindr' éminence
Comme la fóll' ambition,
D'offenser avec passion
Ou même par inadvertance,
Malgré vous sans intention,
Aucune génération
D'un haut rang, de grand' importance !
On n'en mourut jamais, sûr, sans contrition,
Ni sans en avoir fait quadruple pénitence !..

9.

Les cris, les sons, les chants et la voix des petits,
Ou des babillards étourdis,
Un seul moment peut effraiier la force:
Mais c'est une bien faibl' écorce
Contre leur courroux, leur mépris:
C'est le faux-feu d'une très-bónn' amorce
Contre des Tigres aguerris !

10.

Etourdi, jeune téméraire,
Ne va pas sottement jasér,
Par moqueri' ou bien pour t'amusér,
Devant un Roi même fort débónnaire
Et moins encor devant un loup sévère:
Devant quelque Lion ou Tyran rugissant,
Grand insensé pour lui déplaire,

Fat imprudent, en offensant
Sa Majesté féroc', altière,
Qui par son souffle tout-puissant
Peut sans peine, mèm' en toussant,
T'engloutir aisément sous tèrre :
Te mettr' à mort et t'écrasér
Par un seul éclat de tonnèrre,
Te faire pendr' ou te razér ,
Ou bien fondre comme le verre !.

11.

Des autres ne jugez jamais l'honneur, l'humeur,
Les talens, le crédit, la puissanc' et la bourse,
D'après les bruits de la rumeur :
Voiiez courir le Cerf et le Lièvr' à la course,
Agir sur les bancs un rameur,
Avant de vous fiér aux nerfs de sa ressource :
Pour juger sans témérité,
L'uniqu' et claire vérité,
Que ton œil remont' à la source
Et perce la duplicité
Dont se couvre la vanité :
Ne vends qu'après sa mort la peau de l'Ours, de l'Ourse.

12.

Ne jugez point un homm' au ton de son langage ;
A l'entendr' il n'est qu'un vainqueur !.
Pour savoir ce que vaut sa valeur, son courage,
Il faut encor voir le corps, le visage ,
Ou mieux encor voir agir son vain cœur :

13.

Ne jugez point les babillards
D'après leur voix et leur langage :
Et ne redoutez les pillards

Que lorsqu'ils auront le courage
De fair' en plein jour leur ravage,
Quand ils marchent nombreux, en band' et non épars
Pour enlever votre bagage :
Les voleurs, les larrons, les es....s, les m....ards,
Nocturnes ou de nuit, sont du plus bas étage.
Dès qu'au grand jour leur impudent visage
N'ose montrer ses laches étendards,
A la vertu, déjà, ces loups rendent hommage ! !

14.

Avant de prendre l'épouvante,
Quand la vermin' ou bien tell' autre plante
S'agite, trémouss' et rugit :
Sondez plutôt de l'œil la bète dégoûtante :
Auparavant voiiez de quoi donc, il s'agit...
Et ne redoutez point une bète rampante
Dès que sa voix rauque mugit,
Sans ètre convaincu qu'elle soit importante.

15.

Ne prisez jamais les bavards,
Comme les importuns criards
D'après leurs chansons, leur ramage :
Et déploiiez plutôt tous les regards
Avant de peindr' un vaste paiisage..

16.

Ne jugez pas à fond, le cœur d'un personnage,
Ni votr' homme sur son langage,
D'après sa rob' et son manteau :
Et ne prisez jamais l'oiseau
D'après l'éblouissant plumage,
Qui couvre son corps et sa peau..

17.

Ne jugez pas sincère tout hommage
D'après les dire généreux,
D'après l'unique témoignage
De la voix et du feint langage
Des complaisans respectueux,
Trop prodigues de vasselage..

18.

Tel petit champion parle souvent bien haut
Qui n'est guère capabl', ah! de fair' un grand saut..

19.

Des Loups-Garoux, des Revenans
Modérez votre grande crainte,
Jusqu'à ce que leurs traits toujours impertinens
Ou leur image soit bien peinte..

20.

Tel spectre vu dans un lieu sombre
Trouble notre tranquillité,
Quand mêm' il n'est qu'erreur, que vanité,
Une chimèr', une vil' ombre.

21.

L'oreill' est toujours jug' un peu fallacieux
Sans leur phanal, leurs compères les yeux :

22.

Le son, la voix est juge téméraire
Et trompeur et fallacieux:
Avant d'agir attendez que les yeux,
La clarté, le jour, la lumière
Guident vos pas judicieux
Dans la tortueuse carrière.

23.

Ah ! si le son, la voix est nécessaire :
 Le jour et la clarté des cieux,
 La lumière qui guid', éclaire
 Votre corps, vos pas et vos yeux,
Sans crontredit l'est encor beaucoup mieux.

24.

 Tout son par l'oreill' écouté,
 Me parait toujours téméraire,
 Pour juger just' et bien sincère :
 On sera toujours dérouté
Si plutôt l'œil n'en a tâté, goûté
 Et si le jour qui nous éclaire,
 N'est à la parti' invité
Pour bien juger la saine vérité...

25.

 Il est util', important, nécessaire,
Que la forc' à la voix soit absolument paire,
Si quelqu' esprit malin, turbulant, tentateur,
 Poussait un jour ta bile téméraire
 A devenir prédicateur
 D'un grand Lion à terrible crinière :
 Si ta cervelle trop légère
 Te pouss' à fronder la hauteur
 Importante, superb' et fière
 De quelque grande majesté,
 Pour lui dire la vérité
 Náive, franch' et tout' entière :
 On n'est pas trop en sûreté
 Dans cette scabreuse carrière :
Impunément près d'eux on n'est pas téméraire !.

26.

Si ta forc' à ta voix n'est semblabl' ou pareille ,
Ne vends pas ta béquill' , ah , pour une merveille!,

27.

Si ta forc' et ta voix ne sont en tout pareillles ,
   Ne nous promets , ah , ni monts , ni merveilles :
   Des cris aigus , un peu trop violens ,
     Et des éfforts trop píaulans ,
     Ah ! finiront par des ravages ,
Ou se disperseront bientôt comme les vents
     Abattus par de grands orages ,
Ou seront suffoqués par de grands personnages ,
Terrassés par leur griff' et ses ongles puissans...

●●●

FABLE VII.

LA CIGALE ET LA FOURMI.

Au temps de la riche moisson,
La Cigale, gent parésseuse,
Le jour humait la rosé' en boisson,
Ou bien chantait à l'ombre sa chanson
Pour rendre la journé' un peu moins ennuiieuse,
Et répétait des muses les leçons
La nuit, pour la passer heureuse:
Quand la Fourmi laboríeuse
Songeant aux neiges, aux glaçons
D'une saison plus rigoureuse,
Chaque jour faisait dans la plaine
Des provisions pour l'hyvèr
En entassant avec grand' peìne,
Dans ce temps précíeux et chèr,
(Sagèss' étrange dans un vèr)
Le froment et la moindre graine,
Les légumes, les moindres fruits,
Dans les cavots qu'ell' a construits
Dans le sein profond de la tèrre:
Dès que le froid au monde fit la guèrre,
Elle soulageait ses besoins,
Et subsistait fort à son aise
Des fruits cueillis par tant de soins,

Avec lesquels sa faim s'appaise ;
Pendant que la famin' hélas !
Le froid hyvèr et son verglas,
Suffoque la pauvre Cigale,
Indocil' au travail, rebell' à la morale...

1,

Moissonne donc pendant l'été
Et dans la fleur de la jeunèsse,
Quand tu jouìs de la santé
Pour manger pendant ta viellèsse,
Quand le froid ou le mal, ou l'âge nous opprèsse.

2.

Sème le travail, la sagèsse,
Et son arbre trop peu vanté;
Mais bannis au loin la parrèsse
Dans le printemps et dans l'été,
Pendant la fleur de ta jeunèsse
Pour moissonner la joi' et la gaîté,
Et l'abondanc' et la santé,
Dans ta décrépite vieillèsse..

3.

Quand pendant la moisson on ne fait aucun pas,
Que de chants, de musiqu' et d'air on se régale,
On ne saurait ètre bien gras:
Le vuide, les chansons et les riens qu'on avale,
Ah! sont de froids, de creux et de bien tristes plats
Dont la moisson ne peut qu'ètre fatale !.
Quand le ventre se chauff' à ce soufl', à ce hâle,
Qu'il se gorge d'air et de vent
Ou de chansons, de musiqu' et de chant,
Il est toujours bien creux et le visage pâle...

4.

Quand l'homm' est au printemps

De ses jours et de son âge,
Il doit penser à ses vieux ans
Et recueillir son appanage
Pour soulager un jour ses dents...
S'il ne le fait, il n'est pas sage...

5.

Recueillez pendant la moisson ;
Et remplissez de blé vos antres ;
Vos magazins, vos caveaux de poisson,
De fruits, de vins, de tout' autre boisson,
Si vous voulez remplir vos ventres
Quand on ne voit plus d'hameçon :
Et quand l'hyver, avec ses froids glaçons,
Escorté par les frimats, rentre
Pour semer sur nous les frissons
Qui couronnent son front, son centre
Et trop souvent sa fac' et ses talons..

6.

Celui qui ne peut travaillér
Jeun' et dans la force de l'âge :
Qui le passe tantôt à jaser, à raillér,
A ne rien fair' ou seulement baillér,
Ou qui ne peut par le mal de la rage,
Nuit et jour fatiguer, veillér
Pour recueillir son appanage,
L'hyver dans ses vieux ans, fera mauvais ménage
Et sera dévoré par le plus cruel vèr,
Comme la Cigal' en hyvèr,
Par le vuide, le creux potage
De tous les maux le plus amèr...

7.

Si dans l'été l'on se régale

De fraîcheur, de rosé' et d'air,
Comme l'imbécílle Cigale,
Les froids glaçons du rigoureux hyvèr,
Et la moisson de ce dur vèr
Ne peut que vous être fatale...

8.

Quand on vit pendant la jeunèsse
Dans la vigueur de la santé,
Et de fénéantis' et de fólle parèsse,
De repos et d'oisiveté :
De doux plaisirs et d'allégrèsse :
Après ce court printemps, cet agréabl' été,
Bientôt arrive la vieillèsse,
Maint' et maint' incommodité
Qu'escort' un bataillon d'ennuis et la tristèsse :
La misèr' accablant' et l'affreuse détrèsse,
La faim hideus' et les cruels soucis,
Au lit, à tabl', au feu, tous pleins de hardíèsse
Impudemment sans cess' auprès de nous assis.

9.

Apprends oiseux et folâtre garçon,
Que la musiqu' et l'air d'une chanson
Vuid' aulieu de remplir ton ventre :
Tout capital qui sort, n'importe la façon,
Est nul et vain, vuid' et creux comm' un son ;
Si l'intérêt bientôt ne rentre
Dans ton grenier, ta bours' ou ta maison...

10.

Si dans ta folâtre jeunèsse,
Esprit oiseux et cœur méchant,
Paîtri d'envi' et de parèsse
Ta main ne va semer que musiqu' et que chant ;

Dans ta pénibl' et précoce vieillèsse,
Ton sort pitoiiabl' et touchant
Ne cueillera que tempètes, ou vent,
Ou l'abondance du néant
Et que des danses de tristèsse...

11.

Paresseux insensé, coupable fénéant,
Cœurs vicíeux et folles tètes :
Si tu sèmes du vent, des ríens ou le néant,
Peux-tu donc moissonner, oiseux d'autres conquètes,
Quand tu serais mèm' un géant,
Que d'orages affreux et d'horribles tempétes?..

12.

L'humble Fourmi malgré sa petitèsse,
Sans cess' infatigabl' au plus rude travail,
Est un modèle de sagèsse,
Un' économe maîtrèsse,
Qui doit au parésseux servir de gouvernail,
De conducteur, de maîtr' et de pilote,
Lorsqu'ell' entass' au fond de son obscure grotte
Tant de grains de froment et tout son attirail,
Nécessair' à nourrir la vaillante Marmotte
Que l'hyver rigoureux retient dans son bercaîl.
Ver rempant, plus petit que l'estimabl' abeille,
Abondant en géni', en prudenc', en talent,
Il égale presqu' ô, merveille,
Cet insect' admirabl' et ce sage volant ! !
Petit corps rempli de prudence,
Elle qui n'est qu'un faible vèr,
A pourtant plus de prévoiiance
Pour se garantir de l'hyvèr !...
Dès que le froid au mond' étale sa toillètte

Et que sorti du sein des mers ,
Ou plutôt du tartar' et du fond des enfers ,
Les sifflemens gelés de sa froide trompette ,
Déchaînent l'aquilon dans les plaines des airs ;
Qu'il fait gémir au loin les chênes et les pins ,
Qu'au sein des bois sa main courroucé' inquiéte
Par ses trémoussemens , ses sifflets inhumains,
  Les ballotte comme des crins
  Et les gourmand' et les soufflète ;
Fait fléchir sous son joug , courber sous ses desseins ;
  Tout ce qui respir' ou végète ,
  Elle gard' alors sa retraite
Et jouit sagement de ses biens souterrains
  (Cueillis pendant des jours sereins) ;
Soigneusement rangés au fond de sa cassette :
  Sans redouter que les voraces mains
Des guêpes, des frélons et même des humains ;
Pillent tous ses trésors , dérrobent son emplète
  Pour la réduir' à la disette...

13.

  Le Créateur , l'arbitre du tonnerre ,
Lui-même prononça cet arrêt solemnel
Qui condamna jadis tout animal mortel ,
A déclarer et fair' aux durs besoins la guerre ;
A combattre sans cess' un vautour éternel ,
  Toujours naissant et toujours plus cruel,
A labourer enfin avec peine la terre ! !
  De soins cuisans aiguillonnant nos cœurs ,
Il fit luir' à nos yeux l'espoir de l'abondance
Pour que la pein' et l'art nous rendissent vainqueurs
  De la l'éthargiqu' indigence...
  Lui-même dit : au premier des humains ,

Désormais la terre rebèlle
N'accordera plus à tes mains
Une nourriture fidèle...
Je te préviens, moi-mème je t'instruis;
Que tu ne mangeras d'orénavent ses fruits
Qu'en les trempant d'une sueur cruèlle,
Et désormais je t'avertis
Qu'elle ne produira, pour l'homme, rien gratis:
Qui tel qu'un forçat à la chaîne,
Devra mèm' arracher avec travail et peîne
Le moîndre fruit, la moindre graîne:
Accablé de travaux, dévoré de soucis,
Tu veilleras long-temps sur les monts, dans la plaine;
Pour rester peu couché, comm' à ton ais' assis:
Fécond' en ronces, en chardons,
Abondant seulement en cruelles épines,
Fertil' en voraces buissons,
Pour toi seul tarissant ses mines
Elle sera toujours avare de ses dons,
Que vous n'arracherez que comme des rapines:
Le froid, le chaud, la faim, la soif minant ton corps;
Les peines au-dedans, force maux au-dehors,
Avec souci prenant toujours ta nourriture,
Useront bientôt ses ressorts,
Jusqu'à ce que vieilli descendant chez les morts,
Ta peau redeviendra cendres et pourriture...
Souffle fragil' et de terr' et de cendre,
C'est l'asile certain, le parag' et le port
Où tu devras un jour aborder et descendre
Quand mème tu n'aurais pas tort...

FABLE VIII.

L'HIRONDELLE ET LA CORNEILLE.

Une jeun' et fièr' Hirondèlle,
D'un cœur et d'un esprit gâté,
Prétendait être bien plus bèlle
Et l'emporter de tout côté
Sur une corneille femèlle,
En agrémens comm' en beauté,
En mérit', en grace réèlle
    Et mèm' en utilité !...
C'était pousser un peu trop loin
L'orgueil et l'amour de soi-mème :
Etr' infatué de son groin
Jusques à la foli' extrème !...
De son honneur prendr' un peu trop de soin
    N'appartient qu'au parfait suprême...
    Aux juges, voiiez donc, dit-èlle,
Comme je suis habil' et l'est' à déploiier
    La légéreté de mon aile :
Je ne saurais dans l'air, ni sur l'eau me noiiér !...
    Ce n'est pas là qu'est la merveille,
    Léur dit une mure Corneille,
    Qui ne savait que tutoiiér ;
  (Comme Nestor ell' était aussi vieille)
    Tu ne fleuris que dans l'été,
    Comm' un vil oiseau de passage ;

De même passe ta beauté,
Et ton caquet et ton ramage
Avec ton pompeux étalage
Et ta bavarde vanité...
Des ans, des siècles et des âges,
Je résist' à la cruauté
Et des hyvèrs je brave les outrages,
Leur rigueur et leur appreté !..
Cet inestimabl' avantage,
Messieurs, sur ce point contesté,
Ma foi n'est pas un plaisant badinage...
Pour tout au mond', esprit écervelé,
Je ne troquerais pas seulement mon plumage,
Quand bien mèm' il serait pelé,
Mèm' avec tout l'orgüeil de ton beau personnage...

1.

En tout temps, en tout lieu, l'adress' et la beauté
Dont se par' une tète folle,
Doivent céder le pas, croiiez-m'en sur parole,
A l'estimabl' utilité.

2.

Un Chèn' antiqu' et vénérable
Qui voit passer les hommes et les temps,
L'emport' encor sur la ros' agréable
Quand mill' oiseaux satisfaits et contens,
Bénissent par leurs chants l'abri de son feuillage
Et célébrent par leurs concerts,
La fraîcheur que répend au loin l'épais ombrage
Des ses rameaux et vigoureux et verts...

3.

Les agrémens de la jeunèsse,
Sa légéreté, son adrèsse,

Ses belles et riantes fleurs,
Les graces de sa gentillèsse
Avec ses brillantes couleurs,
Pourront-elles jamais égaler la sagèsse,
De l'âge mûr, de la vieillèsse
Qoique flétri' hélas par les douleurs??

4.

La fleur, le fruit qui parait un moment
Avec son rapid' agrément
Pour conquérir nôs vœux et notr' hommage:
Le Rossignol, l'oiseau charmant
Qui ne brilla que par son court ramage,
Vaudraient-ils donc bien davantage
Qu'un travail et qu'un fruit qui dure longuement,
Et qui des ans brave la rage
En nous causant un long contentement...

5.

Ces lois qu'enfante le tumulte,
La discord' et la déraison,
A la nature comm' au culte
Fesant également insulte
Par le venin de leur poison,
En boulversant l'état, chaque têt' ou maison ;
(Mais par bonheur dont la fougueuse rage
Ne dure que pendant une courte saison)
Auraient-elles donc l'avantage
Sur ces statuts presque divins,
Qu'ont enfanté les cerveaux souverains
De ces hommes graves et sages,
Qui bravent encor les outrages
Du temps des vers et des humains,
Même conquiérent les suffrages
Des ignorans et des cœurs les plus vains!

6.

Des romans les vers ou la prose ,
De leurs héros les graces ou l'amour,
De leurs couleurs, de leur beauté la glose
Qui fait fleurir leur élégante cour :
De leurs boissons leurs enivrantes doses
Qui, dans les cœurs, vont porter à foison
Leur vénimeux et leur subtil poison :
De leurs pompeux jardins tant de vermeilles roses ,
Dont l'éclat ne dura qu'un moment et qu'un jour ,
Pourraient-elles valoir tant de sublimes choses
Qu'Homèr', Esope ont chacun , tour à tour ,
Gravé dans les sublimes pages
De leurs divins et précieux ouvrages ,
En traits de feu, de diaman , d'airain ,
Dont le miraculeux burin
Leur fait braver encor , le ver rongeur des âges ,
(Malgré l'envi' et son aigre levain
Germe de tant d'affreux orages)
Et vient encor , grac' à leur main ,
Surnager à l'abym', au gouffre des nauffrages ,

7.

Le fier orgueil , la sotte vanité,
Hélas , ont beau faire , ont beau dire ,
Jamais leur vaniteux empire ,
Non , ne vaudra celui , non , de l'utilité.

8.

Le Rossignol par le chant de sa lyre ,
L'orgueilleux Pàn avec tous ses phanaux ,
Déploiiant au soleil ses miroirs, ses cristaux ,
Quand, si fort vaniteux, il se plait et s'admire ,
Ne vaudront non jamais, quoique jolis et beaux ,
Le fier Lion , ce roi des animaux ,

Qui sans gèn' et sans craint' impunément respiro
La valeur des plus grands héros ,
Ni l'Aigle, ce roi des oiseaux
Qui sur eux tous exercent leur empire,
Sans redouter ni craindre des rivaux ,
Et sans trouver jamais d'égaux !..

9.

Ah ! préférons toujours , l'util' à l'agréable ,
(Sans mépriser l'agrément , la beauté)
L'avantageux , le commod' ou durable,
Au brillant et mèm' à l'aimable
Par l'ignorant trop bien vanté...

10.

Un bâtiment fondé sur une roche stable ,
Brave les vents, les eaux. le temps , les élémens ,
Et contr' eux rest' inébranlable
Malgré leur rag' et leurs tourmens !
Mais les fragiles ornemens
D'un palais fondé sur le sable ,
Sur le verr' ou cristal, non sur les diamans ,
Est fusible comme la cire ,
Disparait et s'enfuit ; vole comme le temps,
Quoiqu' avec complaisanc', avec joi' on l'admire :
Un vent léger, le moindre souffle,
Le moindr' air , un fœtu suffit pour le minér :
Un coup de pié, de doigt ou de pantouffle
En un clin d'œil pourrait les rúinér.

11.

L'ouvrage d'un géni' étonnant et divin ,
Est toujours permanent et stable ,
Avantageux , util' et souverain
Quand il est ferm' et qu'il rest' immuable ;
Qu'il est fondé sur le bronz' et l'airain

Et non sur la bou' et le sable ;
Dès que le temps le bat et qu'il le sap' en vain ;
Et que malgré sa rag' il est toujours durable,
Eternel et comme sans fin.

12.

L'œuvre du genr' humain
Solidement assise
Sur le bronz' et l'airain,
Qui lass' et fatigue la main
Du temps qui contr' elle brise
Ses ongles, ses dents et sa rage,
Prouve que le doigt et la main
Qui sur cet immortel ouvrage
Sut imprimer le sceau de son burin,
Est célest' et divin !..

13.

Bien assurément je chéris
L'odeur et la couleur de la vermeille rose,
L'éclat éblouissant et la blancheur du lys
Qui mollement auprès d'elle repose :
Comme tout le monde je suis
Enthousiast' et fort épris
De l'agréabl' empir' et des beaux dons de flore,
De ses charmes puissans et de son coloris :
J'aime, je respect' et j'honore
Les grâces, l'amour et les ris
D'un Narciss' et d'une Cypris ;
Emerveillé, j'admir' enfin j'adore
La robe purpurin' et le charmant pourpris
De l'aube du matin, le manteau de l'aurore,
Parsemé d'azur, d'or, d'incarnat, de rubis,
Dont aux beaux jours son teint s'embellit et se dore,
En saluant le mond' avec son doux souris,

En caressant le jour que sa main fait éclore,
Dans le berceau qui fut à ses doux soins remis :
      Mais , grand Dieu , s'il m'était permis
D'opter entr' Adonis , et quelque noir ou maure,
Je préfèr' au brillant , bien sûr , l'util' encore...
Parmi tant de présens dont nous combla le ciel
Et qu'il séma partout , sous nos pas , sous nos traces ;
      Je n'irai pas choisir le fiel ,
Dont abonde le cœur de ces perfides races
Que la zone torrid' engendr' en foul' , en masses ,
    Ni celles qui sous un climat cruel
      Végètent neuf mois sous les glaces ,
Ni du Tigr' altéré les térribles menaces :
Je ne bannirais pas l'amour, les ris , les grâces ,
      Non , ni le doux nectar du miel
      Que compose la chast' Abeille ,
Labyrinthe fécond en miracl' , en merveille ,
      Dans ses ouvrages, dans ses lois ,
Et dans sa républiqu' à l'humaine pareille ,
      Sous des Monarques sages Rois ,
    (Soit Rein' ou Roi , n'import', ami , je crois :
Que ce soit un Corbeau, comme quelque Corneille :
      Soit panier , soit corbeille ,
     Pardonne-moi pour cette fois)..
     Commis pour conserver leurs droits...
Si , parmi tant de dons que la natur' enfante ,
      Son maître me donnait le choix ,
Parmi les végétaux de choisir une plante ,
      Je préférerais bien le jus
     Et la liqueur de la plus succulente :
      De l'olivier ou de la treille
      Voué' à l'immortel Bacchus ,
     Et la liqueur de la bouteille ,

Et son cher beaum' indigne de refus,

Qui fortifi', endort et me gard' et me veillé,

Le jour comme le lendemain,

Dans mon corps fait encor merveille,

Quoique ce suc célest' et tout divin

Ait été pris, mèm' enterré la veille ! ! !

Si chez les Filles de mémoire,

Et dans leur sacré Panthéon

A l'Hypocrèn' il fallait boire

Et courtiser les héros de l'histoire,

Inscrits dans le sacré vallon,

Comm' encenser les chantres de la gloire,

Les favoris de la victoire :

Je ne bannirais pas l'heureux Anacréon,

Ce chantr' aimabl' et favori des grâces,

De Cythèr' et du roi qu'on nomme Cupidon,

Des muses bien aimé, cher à leurs doctes races,

Gracieux ornement du joïieux Hélicon ;

Dont le soufl' enchanteur, le rir' et les grimaces,

Des noirs soucis feraient fondre les glaces,

Malgré l'arrèt du fougueux aquilon ;

Ni ce fortuné Salomon,

Disciple d'Épicur' et marchant sur ses traces,

Et que dis-je, plutôt son maitr' et son patron,

Roi si voluptüeux, comblé du riche don

Qu'il appelle sagess' (ami, s'il faut l'en croire)

Dont son Dieu lui fit l'abandon...

Mais partisan de tout' utile gloire

Et des avantageux lauriers,

Je donnerais la palm' et plutôt la victoire

A ces invincibles guerriers

Dont aujourd'hui le ciel est tant et tant avare,

Et placerais dabord, oui, des premiers,

Comm' un Phénix, précieux et très-rare :
Hérodot' et Platon,
Thucydid' et Xénophon,
Homèr', Orphé, Hésiod' et Pindare,
David, Tacit', Horac' et Job, Rousseau, Milton !...

14.

Parmi tant de bienfaits que la natur' enfante,
Qu'ell' abandonn' et livr' à ses chers favoris :
Oui, si l'on me donnait à chosir une plante,
Dans son tableau fécond en si beau coloris :
Des grands bienfaits, des faveurs et des ris
Que nous prodigue cett' amante,
Je choisirais toujours, sûr, la plus permanente
Et la plus fécond' en épis,
Comm' en jus la plus succulente,
Et volontiers lui donnerais le pris :
Dans son immense Panthéon
Qu'avec tant de richess' et lux' elle décore
Comme l'heureux Anacréon,
Cet aimable chantre des grâces,
Des plaisirs et des jeux, des amours et des ris,
Tout en chérissant fort ses traces
Je ne bannirais point, bien sûr dans son pourpris,
La rose, cette fleur consacré' à Cypris ;
Comme lui j'aim' et je chéris,
Mill' et cent mille fois j'adore
L'aimable ros' et l'agréable lys
Que du matin la rosé' et l'aurore
En les saluant font éclore,
Mais si le choix m'était permis,
Malgré le grand respect, ciel, dont mon cœur l'honore
A leur brillant éclat, à leur suav' odeur,
Comm' à leur vermeille couleur,

Je préférerais bien encore
La majestueuse grandeur
D'un chên' antiqu' et vénérable,
Qui sous son ombr' et son port respectable,
En été me met à couvert,
Du soleil et de la tempète,
Sous son feuillag' épais et vert,
Et garantit encor ma tète
Sous sa cime dont le faîte
En pyramide dans les airs,
Ecarte les glaçons en bravant les hyvèrs,
Et leur intempéri' avec sa fière crète...

15.

Mieux vaut pour nous un cœur bon, clément, humain, sage
Propic' et doux, vigoureux en courage,
Quoique dépourvu d'agrémens,
Qu'un Adonis joli, beau de visage,
Si son corps n'a pour orneméns
Que ses attraits charmans...

16.

Chez l'homme prudent la beauté,
Quoiqu' en dise la rage,
Doit céder à l'utilité
Et le fol esprit au cœur sage...

17.

Pour mériter un hommag' accompli,
La beauté toute seul', ah ! n'a jamais suffi
Pour qu'il soit parfait et fidèle,
En parlant comm' en tout écrit
Flattez et les yeux et l'esprit,
Une chimèr' alors même serait très-belle...

FABLE IX.

LA BLANCHISSEUSE ET LE CHARBONNIER.

Un noir Charbonnier suppliait
Une Blanchisseuse voisine,
Et chaque jour lui répétait
D'habiter la même cuisine,
La même maison qu'il louait,
Et de joindre leur voisinage
Au même feu , pot et ménage :
Que bien sûr elle s'en loûrait !...
L'autre maîtresse connaisseuse,
Soudain lui répondit tout nèt :
La chose ne m'est pas, mon cher, avantageuse
Et j'en aurais quelque regrèt :
A parler franchement, mon ami, le projet
De ta cervelle généreuse
Me causerait quelque mauvais effèt :
Il ne peut, cher voisin, nullement m'ètr' utile :
A concevoir la chos' est très-facile :
Tout ce que ma main blanchirait
Serait un soin perdu, futile,
Car la tiènn' aussitôt, grand Dieu, la noircirait :
Quoiqu'à mon cœur il soit très-agréable ,
Ami, ce projet généreux,

Il n'est pour moi nullement profitable ,
Et ne me serait pas heureux :
Ah ! l'union de choses dissemblables ,
Ne produisit toujours , ne produira jamais
Que des monstres cruels, difformes , détestables ;
Et n'engendra que des forfaits
Ou des produits attroces , exécrables.

1.

Point d'union d'accouplement
Avec un mauvais garnement...

2.

Fuis ce qu'avec raison on abhorr', on déteste ,
Pour n'ètr' infecté de sa peste...

3.

Comme le papillon brûle son corps, sa peau ,
Sa rob' et son manteau ,
Quand à brid' abattue
Il approche trop près des raiions d'un flambeau ;
Ainsi le cœur d'un ame corrompue,
Par son venin vous perd , vous tue ,
En vous abreuvant de son eau...
Si vous mettez le pié sur le seuil du château ,
De vos vertus la forc' est aussitôt rompue ,
Et vous restez comm' une grue
Dans son filet soudain , ou pris comm' un oiseau...

4.

Éloigne ton menton, ta barb' et ta moustache ,
De la fumé' et même de l'odeur
Des fabricans de la noirceur ,
Si tu veux conserver sans tache
De ta robe la blancheur ,
Et ne pas prendre sa couleur ,

5.

Fúiez , fúiez le cœur pervers , malin ,
Comme le réservoir .de sa noire malice ,
Si vous ne voulez pas contracter son levain ,
  Ni sucer le lait de son vice ,
  Ou tomber dans le précipice
Tout en suivant ce dangereux chemin.

6.

  Evitez les roses du crime ,
  Et du vice le ris , le miel ,
Si vous ne voulez pas vous abreuver du fiel
  Qui fermente dans son abîme ,
  Ni sentir toutes les épines
  Que l'énnemi juré du ciel
Souffle pareillement avec ses deux narines ,
  Contre les vertus divines
En dardant son venin si fort pestilentiel...

7.

Evitez , évitez les pervers , les méchans ,
Si vous ne voulez pas contracter leurs penchans...

8.

  Oui , toujours entre deux objèts
  Dont la vertu fut disparâte ,
  Comm' entre différens sujèts
De différent' étoff', écorc', ou bois, ou latte ;
  Ah ! toujours le meilleur se gâte :
  Sans que le pire, le mauvais,
  Se bonifi' avec l'autre jamais ! ! !
Comm' un mauvais levain corrompt la bonne pâte ,
  Le pir' infecte le meilleur ,
Sur sa vertu comme la foudr' éclate ,
  (Celui-ci prend le teint de sa couleur ,

Comme le drap prend l'écarlate)
L'entraine comme le bailleur
Qui fait bailler sans envi' un veilleur,
Et lui donne la fantaisie
Du maussad' et lourd sommeilleur
Avant qu'elle s'en fut saisie...
Ce n'est pas un prodig', un miracl' étonnant,
Quand la pât' est toute moisie,
Quand les vertus ne sont de diamant !...

9.

L'union des blancs et des noirs,
Ne peut qu'engendrer des mulâtres
Qui sont vraiment parmi les hoirs
Les pires de tous les emplâtres
Qu'ont procréés leurs blancs ou noirs parâtres !..

10.

Nul ne saurait servir le diable,
Par contrat se vendr' à Satan,
En même-temps traiter encor à l'amiable
Avec le bras qui produit l'ouragan,
Qui fait souffler l'impétueux autan,
Qui retient dans ses bords une mèr intraitable,
Qui sait alimenter le profond Océan,
A Dieu se rendr' enfin, en même-temps louable
En invitant l'un et l'autr' à l'encan...

11.

Entre les Saints, les fils de Bélïal',
N'établis aucun' alliance
A dit le fils du prophète Roiial,
Et redout' avec méfiance
Les suites d'un accord mortel et peu loiial.

12.

N'allez pas rapiécer un habit en lambeaux

Et d'un' étoffe déjà vieille ,
Avec de bon drap neuf, dont les puissans morceaux
S'ajusteraient fort mal à l'étoff' *impareille* :
Fort aisément les vieux céderaient aux nouveaux :
 Et puisqu'il faut tout-à-fait vous le dire ,
Le travail et le trou seraient encor bien pire !
  Non , non , de les rendr' inégaux ,
  Non , n'aiiez jamais le délire...

13.

  Nul ne mettra les vins nouveaux
  Non plus , non , dans de vieux tonneaux :
  Ils seraient rompus par sa force ,
  En briseraient tous les cerceaux :
  Suivant le bois il faut l'écorce
  Et selon les vins les caveaux :
  Selon les sujets des cerveaux...

14.

Vous n'accouplerez point un Bœuf avec un Ane :
Ni le sacré , le saint avec l'objet profane ,
Ni la bète cornu' avec quelque cheval...
Qu'un Saint ne hante point le toit et la cabanne
Du coupable pervers qui pratique le mal...

15.

S'il est parmi vous tous un cœur , un' âme perverse ,
  Infidèl' à ma loi ,
  Si sa langu' outrag' et renverse
  L'édifice du plus grand Roi ,
  N'aiiez avec lui nul commerce...

16.

  Jeunesse sans expérience ,
  Point de liaison , d'amitié ,
De partage , d'accord , non plus que de moitié

Avec la vénimeus' et trompeuse science,
   Qui souffl' à tort partout la confiance,
      La débauch' et l'impiété;
      Ne respirant qu'iniquité
      Sous la plus riant' apparence
      En masquant sa perversité :
      Sans se munir d'un puissant cèste,
On ne saurait fouler ce seuil comm' enchanté
   Sans contracter son venin si funèste :
On est dup' aussitôt de sa méchanceté...
      Ah ! fuiiez sa société
      Comm' une dangereuse pèste...
   Comm' un fruit infect' et gâté,
      Qui corromprait le cœur le plus modèste
Et souillerait l'esprit avec sa saleté...

17.

      Evitez avec soin jeunèsse,
La trompeuse, la fauss' et la noire sagèsse:
Son venin corromprait le germe le plus sain
Dès qu'elle serait mis' ou semé' en son sein...

18.

Le Cygne le plus blanc et la gorge d'albâtre,
      Ainsi que la chaux ou le plâtre,
Exposés à l'ardeur, au hâle du soleil,
    A la fumé', à la chaleur d'un âtre,
    Au plus noir jais devient bientôt pareil...
De mèm' en fréquentant quelque mauvais emplâtre
Le cœur sain prend son teint rouge, noir ou vermeil
      Et sa couleur sombr' ou jaunâtre.:.

19.

      La fac' et le teint qui s'expose
      Aux raiions ardens du soleil,

6

Perdra l'éclat du lys et de la rose,
    Et changera son teint vermeil
    En prenant une bonne dose
Du noir auquel il deviendra pareil...

20.

    Comm' en s'exposant au soleil
    On fâne son teint blanc, vermeil,
    De mêm' en hantant le repaire
    D'un Cacus ou Tygre pareil,
On lui devient semblable d'ordinaire...

●●

FABLE X.

——◆——

LA VÉRITÉ ET LE GENRE HUMAIN.

Une grande Reine jadis
Aussi bonne que vertueuse,
Soignait d'un jeun' et tendre fils
La santé faibl' ou même dangereuse,
Et berçait son doux nourrisson
Loin de la moindr' épin' et du moindre buisson,
Parmi les myrtes et les roses,
En l'abreuvant d'une boisson
Faite du jus des fleurs nouvellement écloses :
Sans l'oranger et le jasmin,
Le jeun' et tendre Bènjamin
N'eut goûté la moindre dés doses
S'il n'était flatté de la main :
Et les plus agréables choses
Et les bonbons les plus flatteurs,
Etaient d'appas peu tentateurs
Pour fléchir ses humeurs moroses :
Sans les carèsses, les douceurs,
Mém' abhorrant les sucreries
Pour tout au mond' il n'en aurait goûté,
Si le plat des cajoleries
Auparavant ne l'eut flatté :

A tout moment en syncop', en extase,
Il eut cru grandement péchér
Avec ses lèvres d'approchér,
Dans son délir', et les mets et leur vase !
Tant il craignait de les touchér
Et même de les voir au travers d'une gaze,
Si plutôt la douceur du miel
N'eut d'un appât ou leurre salutaire
Mitigé la rigueur du fiel
Du jus de la liqueur amère,
Et témpéré l'humeur sévère
De ce Bénjamin dédaigneux...
Par ce moïièn complaisant et soigneux,
Toujours le plus amèr breuvage
De son courroux dissipait tout l'orage :
Dans son esprit colèr' implacabl' hargneux,
Sur son front et dans son visage,
Ramenait tout le calm' et le rendait joïieux,
Serain, tranquill' et doux, bénin, docil' et sage...

1.

Prédicateur, c'est en ríant
Que tu dois débiter en chaire,
Juste ciel, plutôt qu'en críant;
Une vérité salutaire :
De l'hameçon l'appât fríand
Fait toujours avaler la dose meurtrière
Et rend la potíon pótabl' et moins amère :
Toujours les brillantes couleurs,
Comme les agréables fleurs
D'un' attraïiante rhétorique,
Prènnent le poisson qui les pique
Et calment mèm' un peu de ses douleurs,
Le mal dangereux ou critique...

2.

De tout temps le bon genr' humain
De la fièvr' atteint fut malade :
Et toujours sans faillir le meilleur médecin,
  Pour guérir son cerveau trop fade,
De son cœur arracha sans peine le venin
  En le prenant doucement par la main :
    En le flattant par ses carèsses,
  Il le guida vers son but et sa fin
    Par des ruses souvent traitrèsses,
    Sans paraître mèm' assassin !...

3.

  Ceci soit dit sans critiquér ;
  Aisément chacun peut m'entendre,
  S'il n'est pas sourd, sans m'expliquér,
  Il pourra fort bien me comprendre :
  Ma plum' ici ne veut piquér
  Que l'unique charlatanisme
  Des oracles du paganisme,
Et ce qu'on voit chaque jour pratiquér
Par l'hameçon doré du rusé despotisme :
Dieu me gard' à présent, ciel, de politiquér
  Contre l'austère rigorisme
  Ou l'inflexible j.....isme ;
  Moins encor ici d'attaquér
  Le Cautéleux E......isme,
  Ni l'astucieux J.....isme
  Paitri de rus' et de *vafrisme.*

4.

  Ni le vinaigre, ni le fiel,
  Jamais n'attireront les mouches :
  Offrez plutôt l'appât du miel

Pour prendr' à l'hameçon leurs bouches.

5.

En médecin', en chair', en politique,
En théori' aussi bien qu'en pratique,
A coup sûr le meilleur ressort
Pour conduire l'état comme la république,
A son gré comm' on veut, même sans nul effort,
Sont les fleurs de la rhétorique :
Par cet appât le poisson qui les mord
Perd son vouloir dès qu'il les pique :
Avec cett' agréabl' et mielleuse rubrique,
Vous le menez sûr comm' un âne mort,
Sans bâton, sans fouet et sans pique...

6.

L'auteur qui joint l'agréabl' à l'utile,
A trouvé le secret de tous, le plus facile
Pour guider à son gré les cœurs :
Et lui seul entre mille
Doit être réputé le vainqueur des vainqueurs :
Il est le plus adroit comme le plus habile :
Lui seul possèd' un précieux trésor :
Il n'est ni fort, ni plac' et mêm' aucune ville
Qui resist' à cette clèf d'or...

7.

Du cult' et de l'état ineptes médecins,
Si de nous conquérir vous êtes tant avides,
Des J......s singez les tortueuses fins
Et leurs tournures si rapides :
Ils savent aplanir les raboteux chemins
En emmiellant les boissons trop acides,
Comm' arroser les terreins trop arides :
Veulent-ils arracher d'un champ les mauvais grains,

Leur ruse de leur front sait adoucir les rides,
Mèm' au fort de l'orag' ils les rendent sereins !!
  Mais les rigoristes rigides,
  Dans leurs maximes intrépides
N'ont jamais pris le poisson dans leurs mains!

8.

  Le beaume le plus salutaire
  Pour guérir les cerveaux des fous ,
  Est celui qui rend moins amère
La potion, et son jus le plus doux...

9.

Vous tous, qui gémissez sous le poids des souffrances ,
Venez à moi, disait le meilleur médecin
  Qu'ait jamais eu le genr' humain,
  Je laverai moi-mème vos offenses,
Je guérirai vos maux en vous tendant la main ,
  Et je chasserai leur venin
  Par le feu de la pénitence
En le noiiant dans l'eau de votre repentence...
Venez à moi ; mon joug est doux et très-légér ,
Chacun peut aisément le porter sans dangér :
  J'aime bien moins le sacrifice
Que la miséricord' ; et je ne sais vengér
  Mon nom de votre préjudice (maléfice)
Qu'en exigeant de vous l'amour de la justice :
Si vous m'aimez du fond de votre cœur
  Et d'une très-sincèr' ardeur,
Je jure par mon nom, je m'engag' et me flatte
  A convertir du péché la laideur,
Quand il serait plus roug', homme, que l'écarlatte ,
  Quand il serait plein de noirceur,
Le crime, le forfait, mème le sacrilège

Deviendront plus blancs que la neige !!

10.

Oracles des vertus divines,
Si vous nous débitez de célestes leçons,
Offrez les roses, donc, à vos chers nourrissons
Et cachez leur bien les épines,
Et les ronces et les buissons...

11.

Tu vantes envain tes boissons,
Tes préceptes et tes leçons;
Ah ! trop austère rigoriste,
Jamais aucun sévère casuiste
Avec ses épineux buissons,
Ne pût prendr' à ses hameçons
Du bon Dieu nul antagoniste;
Il faut user des plus fines façons,
Les cacher sous l'appât pour prendre les poissons ;
Il ne faut pas montrer à des procrits la liste
De vos expéditions,
Ni le remèd' aux passions ;
Le mal s'accroit dès qu'on insiste...
Il faut en tapinois les poursuivr' à la piste..

FIN.

BIBLIOTHEQUE

www.ingramcontent.com/pod-product-compliance
Lightning Source LLC
Chambersburg PA
CBHW072116090426
42739CB00012B/2989